KB090960

나는 잘 살기 위해 인문학을 공부한다

나는
잘 살기 위해
인문학을
공부한다

좋은 삶을 위한
지적인 독서 입문

신도현 지음

행성B

존경하는 분이 있습니다. 여든을 바라보는 동화 작가입니다. 선생님은 동화뿐 아니라 동서양 철학을 넘나들면서 많은 글을 쓰고 실천도 하는 사상가이기도 합니다. 처음 뵈었을 때 대뜸 저에게 이렇게 말씀하셨지요.

"어디에서 왔어요? 또 어디로 가지요?"

단순한 안부가 아님을 알 수 있었습니다. 책에서나 보던 선문답을 직접 마주한 기분이었습니다. 말문이 막혔습니다. 멋쩍게 웃기만 했던 기억이 납니다.

어쩌면 인문학의 역사는 그 두 질문을 풀려고 노력한 역사가 아닐까 싶습니다. 방대한 철학사를 저술한 러셀은 "세계의 구조를 이론적으로 연구하는 것"과 "최선의 생활방식을 발견하는 것"이 인문학 공부의 목적이라고 밝힌 바 있습니다. 어디에서 왔느냐는 것은, 내가 태어나 현재 살아가고 있는 이 세계를 알기 위한 물음이고, 어디로 가느냐는 것은, 나의 삶을 어떻게 이끌어 갈 것인지 탐색하는 물음으로 읽힙니다.

저 역시 이런 궁금증을 풀기 위해 인문학 공부를 시작했습니다. 제가 누군지 궁금했고, 제가 태어나 살고 있는 이 세상이 궁금했으며, 이 세상을 어떻게 살아가야 할 것인가에 대한 답을 찾고 싶었습니다. 그래서 틈나는 대로 인문학 책을 읽었고, 대학에서는 철학과 문학을 전공했습니다. 인문학 책도 썼습니다. 꽤 오랫동안 인문학 곁에 있었지요.

이제 답을 좀 찾았느냐고요? 또다시 저는 열없게 웃을 수밖에 없을 것 같습니다. 사실 그리 쉽게 구해질 답이라면, 수천 년간 그토록 많은 이가 인문학을 화두 삼아 평생을 바치진 않았겠지요.

그렇다면 인문학은 오랜 세월 동안 전념하고도 답의 실마리조차 찾을 수 없는, 영 관통하기 어려운 그런 학문일까요? 그렇지 않다고 생각합니다. 사실 인문학에는 정답이 없습니다. 그것이 바로 인문학을 생동하게 하는 힘이고요. 이미 정해진 답이 있다면, 앞사람들이 풀어 놓은 답안지를 한번 쭉 훑어보고 따라 하면 그만일 겁니다. 그런 공부에 무슨 재미가 있겠습니까.

인문학에 정답이 없다는 것은, 다른 말로, 인문학에는 답이 단수가 아닌 수많은 복수로 존재한다는 뜻이기도 합니다. 모두에게 적용될 하나의 정답은 없지만 각자의 답은 있을 수 있다는 얘기지요. 저 역시 인문학을 공부하면서 부족하나마 제 나름의 길을 만들어 왔습니다. 더 나은 길을 계속 탐색하고 있고요.

이 책은 이제 막 인문학에 관심을 갖고 공부하기로 마음먹은 분들을 염두에 두고 썼습니다. 인문학의 역사와 사상을 요약한 책은 꽤 많지만 인문학의 특징과 쓸모, 공부법 등을 함께 다룬 책은 적습니다. 입문자들에겐 이런 내용이 더 절실하리라 여겨, 저만의 깨달음과 방법일 수 있겠지만 책에 담아 보았습니다.

책의 흐름은 이렇습니다. 1부에서는 인문학이 무엇이고 어떤 특징을 갖고 있으며 어떤 오해들을 받고 있는지 알아보았습니다. 2부에서는 왜 인문학을 공부해야 하는지 새겨 보았습니다. 3부에서는 보통 인문학이라 불리는 문학, 사학, 철학의 숲을 보는 데 필요한 질문들을 살펴보았습니다. 4부에서는 저만의 인문학 공부법을 소개합니다.

5부부터 8부에서는 동서양 인문학에서 중요한 학자와 사상가의 글을 함께 읽어 보려 합니다. 건조하게 요약하기보다는 문장 한 줄이라도 제대로 읽어 내려고 노력했습니다. 독자 여러분이 인문학의 핵심 화두와 인문학 독해법을 이해하는 데 도움이 되기를 바랍니다. 책에서 다룬 분들은 인문학에서뿐만 아니라 제 삶에 많은 영향을 끼친 분들이라는 점도 미리 밝힙니다. 철학자가 많습니다.

이 책은 제가 그린 인문학 지도입니다. 인문학에 입문해 지금에 이르기까지 어떤 방법으로 어떤 길을 걸어왔는지 보여 줍니다. 여러분도 여러분만의 인문학 지도를 그려 나가기를 응원하겠습니다.

　마지막으로 방탄소년단(BTS)에게 감사한 마음 전합니다. 뷔가 '읽은' 덕분에 전작 《말의 내공》이 더 많이 알려졌습니다. 꽃향기는 바람을 거스르지 못하지만, 아름다운 사람들의 이야기는 바람을 거슬러 온 세상으로 퍼져 갑니다. 바람을 이기는 아름다움처럼, BTS와 팬들의 멋진 이야기도 더 퍼져 나가기를 바라겠습니다.

차례

3부 인문학을 이해하기 위해 필요한 질문들

4부 인문학이라는 산에 오르는 8가지 방법

5부 먼저 나를 찾자

6부 타인과 어떻게 만나야 할까

7부 세계는 무엇일까

8부 잘 살려면 어떻게 해야 할까

일러두기

● 책 제목은 겹화살괄호(《 》)로, 영화 제목이나 단편 글 등은 홑화살괄호(〈 〉)로 표기했습니다.
● 발췌문에는 독자들이 이해하기 쉽도록 의역한 문장도 있습니다.

1부

인문학은 무엇일까

너무 바빠진 인문학

인문학을 규정하는 일은 쉽지 않습니다. 그래선지 인문학을 다루는 교양서들도 정작 인문학이 무엇인지에 대해서는 지나치는 경우가 많습니다. 인문학은 여러 측면에서 풀이될 수 있어 다면적으로 접근해야 하니 말을 꺼내기 쉽지 않은 것이지요. 저라고 그런 어려움에 봉착하지 않은 것은 아니지만 여기서는 제가 생각하는 인문학을 말하지 않을 수 없을 것 같습니다. 그래야 이후 이야기들을 풀어 갈 수 있으니까요. 인문학 정의뿐만 아니라 지금의 인문학 흐름도 세 갈래로 나눠 살펴보려고 합니다.

사실 인문학이란 말은 흔한 말입니다. 인터넷에서 '인문학'만 쳐 봐도 알 수 있죠. 여기저기서 인문학 강의가 열리고 인문학 관련 책도 주르륵 검색됩니다. 강연 제목을 보면 '자서전 글쓰기', '커피와 인문학', '그림 인문학', '클래식 감상하는 법', '교양인을 위한 시 감상', '책 읽기의 기쁨', '우리 지역 문화재', '물리학 여행' 등 실로 다양합니다. 인문학이란 이름 아래 음식, 미술, 음악, 문학, 역사, 과학 등 다양한 분야를 다룹니다. 그런데 이들 사이에서 공통점을 발견하기가 쉽지 않습니다. 이렇게 주제가 잡다해진(?) 데에 특별한 의도가 있어 보이지는 않습니다. 좀 더 많은 수강자를 끌어모으려고 인문학이란 말을 가져다 쓴 게 아닐까 싶을 때가 많습니다.

하지만 인문학을 이렇게 쓰는 것이 영 이상하진 않습니다. 인문학이란 말은 고대 로마 시대부터 본격적으로 쓰이기 시작했다고 합니다. 음악·어학·수학·과학 등 여러 학문을 포괄하는 상위 개념으로 쓰였습니다. 영어권 국가에서는 인문학을 'Liberal Arts' 혹은 'Humanities'라고 하는데, 'Liberal Arts'라는 말이 고대 로마의 교양교육(Liberal Education)에서 파생된 사실에서도 알 수 있지요. 이렇게 보면 다양한 분야에서 인문학이란 말을 가져다 써도 큰 무리는 아닐 겁니다.

또한 동아시아에서 쓰이는 '人文學'을 풀이하면 '사람과 그 문화를 다루는 학문'인데, 여기서 힘을 더 빼면 '사람에 관한 공부'라고 풀이할 수 있습니다. 이렇듯 인문학이 사람을 탐구하는 학문이고 사람에 관한 공부라면 음식, 미술 등 앞에서 열거한 강연 주제가 모두 인문학으로 포섭될 수 있는 것이지요.

그런데 문제는, 인문학을 이렇게 느슨하게 규정하면 인문학에 포함되지 않는 것이 거의 없게 된다는 사실입니다. 잠깐만 생각해 봐도 알 수 있는 일이지요. 교양교육에서 가르칠 수 없는 학문, 사람과 관련되지 않는 학문은 존재하지 않으니까요. 그래서 모든 학문이 인문학이 된다면 이는 인문학은 아무것도 아닌 학문이라는 말이 될 수도 있는 겁니다. 인문학이라는 범주의 정체성이 상실되기 때문이지요.

그러므로 저는 여기서 인문학의 정체성을 조금 더 엄밀하게 살펴볼 생각입니다. 일상의 교양 강좌에서 남용되는 '인문학'이나 어원으로서의 '인문학' 의미와는 조금 거리를 두겠습니다. 그래야 두루뭉술함을 벗어나 인문학 고유의 매력을 읽어낼 수 있을 테니까요.

사람 공부

　인문학을 엄밀하게 규정하려면 학술적인 측면에서 살펴볼 수밖에 없을 것 같습니다. 조금 따분한 얘기가 될 수도 있겠지만, 인문학이 뭔지 알려면 어쩔 수 없이 거쳐 가야 할 과정으로 보입니다.

　많이 알려져 있듯이 학문을 분류하는 기준이 '연구 대상'과 '연구 방법'이죠. 무엇을 연구하느냐 그리고 어떻게 연구하느냐에 따라 학문이 나뉩니다.

　우선 학문은 연구 대상에 따라 크게 둘로 나뉩니다. 자연과학과 정신과학이지요. 자연과학은 물질 현상을 연구합니다. 물질 현상은 인간의 심리와는 무관하게 작동하는 것으로, 자연계의 모든 객관적 물질과 그것의 운동과 변화 등을 아우릅니다. 물리학, 화학, 생물학 등이 여기에 속하지요. 흔히 생각하는 과학이 바로 자연과학입니다. 반면, 정신과학은 정신 현상을 연구 대상으로 삼습니다. 정신 현상이란 인간의 심리를 포함한 인간의 모든 정신적 활동과 산물을 뜻합니다. 사람의 활동 중 정신이 개입하지 않는 것은 없습니다. 따라서 정신과학은 인간의 심리부터 행동, 인간 사회와 문화까지 폭넓게 연구합니다.

정신과학은 연구 방법에 따라 다시 둘로 나뉩니다. 자연과학적 연구 방법을 수용하는 정신과학을 사회과학이라 하고, 전통적인 연구 방법을 고수하는 정신과학을 인문학이라고 하지요. 자연과학적 연구 방법이란 주로 관찰과 실험을 말합니다. 연구자의 의지와 그가 주장하는 당위를 배제하고 객관적이고 중립적인 연구를 지향합니다. 반면 전통적인 연구 방법은 이성과 감성을 활용한 지적 통찰과, 직접적인 체험과 경험을 통해 대상을 파악합니다. 자연과학적 방법과 달리, 연구자의 가치관 등을 마냥 배제하지 않는 것이 특징입니다.

예를 들어, 물리학자 존 슈워츠의 초끈이론을 볼까요. 그는 우주를 구성하는 최소 단위를 입자가 아닌 끊임없이 변화하는 끈으로 보았습니다. 세상이 끈으로 이루어졌으니 사람 또한 연결된 끈을 인식하여 더불어 살아야 한다는 식의 당위로까지 나아갔을까요? 그렇지 않습니다. 이론에서 끝납니다. 이것이 전형적인 자연과학적 방법이지요. 반면 전통적인 방법에서는 당위를 포함합니다. 철학자 아리스토텔레스가 목적론을 주장한 것이 예가 될 수 있습니다. 그는 모든 존재가 목적을 갖고 있는

데 그중 인간의 궁극적 목적은 행복이라고 말했지요. 이런 주장엔 인간은 행복해지기 위해 살아야 한다는 당위가 포함돼 있습니다.

정신과학이 이렇게 둘로 나뉜 데에는 근대라는 시대적 배경이 있습니다. 근대에 이르러 자연과학이 큰 성과를 보이면서 정신과학 내부에서도 자연과학의 연구 방법을 도입하려는 시도가 일어난 겁니다. 정신 현상을 그대로 연구 대상으로 삼되, 실험과 관찰을 비롯한 자연과학의 연구 방법을 도입해 정신과학을 계량화하는 등 좀 더 객관적으로 연구하려고 한 것이죠. 그래서 이런 자연과학적 방법을 수용한 정신과학을 따로 사회과학이라고 부르게 됩니다. 경제학, 심리학, 사회학, 인류학 등이 여기에 속합니다. 기존의 전통적인 방법을 유지하는 정신과학은 인문학이라 했고요. 여러분도 알고 계시는 것처럼 문학, 사학, 철학이 여기에 속합니다.

정리하면, 인문학은 정신과학에 속하고 자연과학적 방법을 활용하는 사회과학과 달리, 삶의 경험과 감정, 이성적 통찰 등을 중시하는 학문입니다.

여전히 문사철이다

인문학의 범주를 문학, 사학, 철학 셋으로 좁혔습니다. 흔히 줄여 '문사철'이라고 하지요. 하지만 이 분류가 절대적인 것은 아닙니다. 자연과학과 사회과학이 객관적이라고 해서, 인문학은 객관적이지 않다고 말할 수는 없습니다. 인문학도 당연히 객관성을 추구합니다. 물질 현상과 달리 정신 현상은 완벽하게 객관적으로 측량하는 것이 불가능하기 때문에 객관성에 과도하게 집착하지 않을 뿐이지요. 반면 자연과학이라고 해서 순전히 객관적인 것도 아닙니다. 토머스 쿤과 샌드라 하딩 같은 현대 과학철학자들은 자연과학에도 연구자의 편견과 가치관 등 주관이 개입될 수 있음을 증명한 바 있습니다.

애초에 학문 분류라는 것이 학계에서도 완벽하게 합의한 것은 아닙니다. 세상이 급격히 변하고 발전하면서 기존에 없던 대상이 생겨나고 그로 인해 기존과는 다른 연구 방법이 요구되기도 하니까요. 획일한 기준으로 학문을 구분하기가 더욱 어려워진 시대지요. 최근에는 사회과학과 자연과학의 특성을 함께 지닌 행동과학과 역사과학 같은 새로운 학문이 등장하면서 정신과학과 자연과학의 경계가 더 흐려지고 있습니다.

문화권과 학자에 따라 인문학의 범주를 달리 규정하기도 합니다. 문사철에서 사학을 제하기도 하고 언어학, 종교학, 예술을 인문학에 추가하기도 합니다. 예를 들어 흔히 정치철학은 인문학, 정치학은 사회과학으로 분류하는데, 과연 이들을 무 자르듯 나눌 수 있을까요? 따라서 학문 분류와 각 학문의 특징은 정해진 것이 아니라 시대 흐름에 따라 변할 수 있다고 이해하는 것이 현명한 태도로 보입니다.

지금까지 여러 측면에서 인문학 정의를 살펴보았습니다. 어디에서도 만족스러운 답을 얻진 못한 듯합니다. 하지만 인문학이 무엇인지에 대한 규정 없이 다음 단계로 넘어가긴 어렵겠지요. 이 책에서 저는 흔히 알려진 대로 인문학을 문학, 사학, 철학 셋으로 한정하려고 합니다. 학계에서 주로 쓰이는 규정이고 무엇보다 이 세 학문이 인문학의 고유한 특성을 가장 잘 담고 있다고 생각하기 때문입니다. 여러 학문을 한 이름 아래 묶어 연구하고 공부할 때 이점이 있으면 좋은데, 문사철로 한정하면 그런 효과를 얻으리란 기대도 있습니다.

문학, 사학, 철학은 서로 밀접합니다. 사학과 철학은 문학적인 글쓰기를 활용해 자신들의 뜻을 선명하게 펼칠 수 있고, 문학은 사학과 철학에서 주요한 정보나 새로운 발상의 계기를 얻으니까요. 더 자세히 보면, 일단 사학은 문학'사'니 철학'사'니 하는 말에서도 짐작할 수 있듯이 문학과 철학이 학문 체계를 잡는 데 큰 영향을 끼쳤죠. 철학은 사학과 문학에 근본적인 관점을 갖게 했고요. 사학과 문학의 괄목할 만한 성장 뒤에는 줄곧 철학이 있었습니다. 이렇듯이 문사철은 서로 뗄 수 없는 관계이고, 실천적인 측면에서도 함께 공부해야 힘을 발휘할 수 있습니다.

강단 인문학, 자기계발 인문학, 강호 인문학

일단 인문학은 문사철로 규정했습니다.

본격적으로 인문학을 공부하기 전에 그동안 인문학을 공부하면서 제 나름으로 분류한 인문학도 말씀드리려 합니다. 우리나라에서 인문학이 어떤 뜻으로 나뉘어서 활용되고 있는지, 그 판세를 한번 살펴보고자 합니다. 재미 삼아 읽어 주시면 좋겠습니다.

저는 인문학의 여러 흐름을 공부의 목적과 그 분야를 주도하는 분들의 활동을 감안해 '강단 인문학', '자기계발 인문학', '강호 인문학' 세 가지로 나누고 싶습니다.

'강단 인문학'을 주도하는 사람들은 가장 전통적인 지식인 집단입니다. 대학교, 대학원에서 인문학을 전공하고 대학교수가 된 사람들이 대표적이지요. 이들은 인문학 연구 자체에 목적을 두며, 기존의 인문학 이론을 정확하게 분석하고 새롭게 해석해 내려고 노력합니다. 학교에서 강의하고 학회에서 논문을 발표하는 것이 이들의 주된 활동이지요.

강단 인문학자들의 강점은 전문성과 체계성입니다. 엄밀한 근거를 갖고 이론을 펼치죠. 수십 년간 인문학 연구를 업으로 삼아 온 만큼 학문 수준도 높습니다. 이들은 인문학의 기초이자 기둥이라 할 수 있는 이론과 해석을 제공하는 한편 제자도 길러 내 학문 계승에 이바지합니다.

반면 현실감각과 문제의식이 부족하다는 것이 이들의 가장 큰 단점이지요. 거의 평생을 대학이라는 한정된 공간에서 지내다 보니 현실감각이 부족한 경우가 많습니다. 명예와 경제적 안정 등은 자연스럽게 딸려 오고 현실의 부조리와 직접 마주할 일은 적으니 그럴 겁니다. 대중과 만날 일이 적어 대중성도 떨어집니다. 그래서 이들의 이론과 설명 모두 보통 사람들은 이해하기 어려워하는 경우가 많습니다.

이런 강단 인문학의 반대편에 있는 것이 '자기계발 인문학'입니다. 인문학 전공자가 아닌 분들이 여기서 많이 활동합니다. 인문학과 무관한 직업을 갖고서 부업으로 인문학 책을 쓰고 강연도 하지요. 자기계발 인문학의 목적은 말 그대로 개인의 자기계발을 돕는 데 있습니다. 여기에서 자기계발이란 내면의 성장이 아닌 경쟁력 강화를 뜻합니다. 즉 자기계발 인문학자들은 인문학 연구보다는 인문학을 어떻게 활용해서 경쟁에서 승리할 수 있을까에 초점을 둡니다. 주 활동은 대중 강연과 책 집필이고요.

자기계발 인문학자들의 가장 큰 장점은 현실감각과 대중성을 갖고 있다는 겁니다. 현장 경험이 풍부하고 트렌드에도 민감하지요. 복잡한 이론도 간추려서 설명하는 재주가 있고요. 실제 사례까지 곁들이는 등 비전공자도 알아들을 수 있게 쉽게 풀어서 설명해 주니 대중에게 인기가 없을 수 없습니다.

다만 전문성이 부족하다는 것이 단점이지요. 인문학 전공자가 아니다 보니 지식을 잘못 전달하는 경우도 많습니다. 심지어 인문학이 아닌 것에 인문학이라는 이름을 붙여서 홍보하기도 하지요. 문제의식이 얕은 것도 단점입니다. 사회 문제의 원인도 개인 탓으로 돌리는 것이 치명적 약점이지요. 사회의 부당한 면을 인식하고 바꾸기보다는, 부당한 것을 있는 그대로 인정할 뿐 아니라 오히려 그것을 이용해서라도 성공하는 길을 모색합니다. 이 때문에 자기계발 인문학자들은 인기는 빨리 얻지만 대중의 근본적인 갈증을 풀어 주지는 못합니다.

'강호 인문학'에 속한 사람들은 무협지의 협객처럼 강호(江湖), 즉 제도권 밖에서 활동합니다. 이들은 인문학 전공자들이거나 그만큼의 전문성을 갖추었지만, 대학교나 학회에서 활동하기보다는 강연, 집필 등을 통해 대중과 자주 만나는 길을 선호합니다. 철학자 강신주 씨가 대표적입니다.

강호 인문학의 목적은 인문학을 현실에서 활용하는 것입니다. 자기계발 인문학의 자기계발 목표는 성공인 반면 강호 인문학의 목표는 자유 같은 것이지요. 자유롭기 위해서는 개인이 주체적 인간이 되는 동시에 주체적인 인간을 품을 수 있는 열린사회가 되어야 합니다. 강호 인문학이 인문학을 개인의 발전과 사회 변혁을 추구하는 무기로 삼는 이유입니다.

　　강호 인문학의 강점은 이처럼 문제의식이 뚜렷하다는 데 있습니다. 당연히 대중과 소통하는 일을 중요시하고 이 때문에 난해하게 글을 쓰지도 설명하지도 않습니다. 반면 현실감각이 다소 떨어진다는 점은 아쉽습니다. 활동 무대는 제도권 밖이지만 강호 인문학자들의 정체성은 여전히 학자이기 때문일 겁니다. 당장 취업해 돈을 벌어야 하는 보통 사람들에게 강호 인문학이 외치는 '자유', '사회 변혁' 등은 한가한 사람들이나 하는 소리로 들릴 수 있습니다. 강호 인문학은 '약자를 위한 인문학'을 표방하지만, 정작 주 수요층은 어느 정도 사회적으로 안정된 중산층 이상이지요.

시험으로 평가할 수 있을까

인문학이 무엇인지 조금은 감을 잡았으리라 생각합니다. 여기서는 인문학을 어떻게 오해하고 있는지 잠깐 짚어 보려고 합니다. 그래야 인문학에 조금 더 가까이 다가갈 수 있을 테니까요.

우리 사회는 요람에서 무덤까지 시험이죠. 입학시험, 취직 시험, 토익, 토플, 한자 시험, 한국사 시험, 컴퓨터 능력 시험 등 많은 시험을 치르게 합니다. 시험 자체가 나쁜 건 아니지만, 문제는 봐야 할 시험이 너무 많다는 겁니다. 게다가 꼭 필요한 능력을 평가하기 위한 것이라기보다는 서열을 매기기 위한 시험, 시험 그 자체를 위한 시험이 대부분이라는 게 문제지요. 이제는 인문학까지 시험 대상이 되었습니다. 한 언론사에서 인문학 시험을 주최한다는 뉴스를 여러분도 접했으리라 생각합니다. 문사철 중에서도 철학 비중이 큰 시험이 될 거랍니다.

물론 이전에도 인문학 능력을 평가하는 시험은 있었습니다. 역사 분야에서는 한국사 시험이 있고, 문학에서는 비록 시험은 아니지만 신춘문예가 있었으니까요. 그런데 철학만큼은 시험으로 수치화해서는 안 된다는, 마지막 보루로 남겨 둬야 한다는 생각 때문이었는지 철학에서는 그러한 시도가 전혀 없었습니다. 그런데 이번에 철학 중심의 인문학 시험이 생겨 적이 놀랐습니다.

이 시험에 대한 반응은 크게 둘로 나뉩니다. 일단은 환영하는 쪽입니다. 한국사 시험이 생기고 수능에서도 한국사가 필수 과목이 된 이후로 한국사에 대한 사람들의 관심이 커졌고, 그 덕분에 한국사 전공자들의 설 자리도 미약하나마 늘어났습니다. 철학도 같은 효과를 얻지 않을까 싶어 기대하는 것이죠.

반면 부정적인 반응을 보이는 분도 많습니다. 하다 하다 이제 인문학, 철학까지 등급을 나누어 평가하느냐는 것이죠. 주최 측에서는, 기업에서 실력을 판단할 수 있는 자료가 토익 성적 정도이니 인문학 실력을 입증할 수 있는 시험도 만들어 달라고 요청해 와 시험을 고안했다고 합니다. 시험 배경이 이렇다면 인문학이 그저 취직 수단으로 전락할 수도 있지요. 그래서 시험을 반대하는 분들이 있는 겁니다.

저는 긍정과 부정 사이를 오갑니다. 이 시험 덕분에 사람들이 인문학에 관심을 더 갖겠구나 하고 생각하면 좋다가도 혹시 그 때문에 오히려 인문학이 죽게 되는 건 아닐까 하며 걱정도 하게 되는 겁니다. 시험에서 고득점 여부는 결국 암기력 문제일 텐데, 인문학은 외운다고 해서 향상될 수 있는 학문이 아니라고 봐서요. 일단 시험에 나올 위대한 인문학자들이 그걸 원치 않을 것 같습니다. 자신의 사상 키워드나 작품명 몇 개를 외워주길 바라서 인문학을 공부한 건 아닐 테니까요. 그들 대부분은 후세의 사람들이 인문학을 통해 더 나은 세상을 만들어 나가고 행복하고 가치 있는 삶을 누리길 바랐을 겁니다. 시험 제도는 이런 그들의 진심을 담아 낼 수 없다고 봅니다. 이것이 인문학 시험의 태생적 한계가 아닐까요.

만년 위기

인문학 전공자라면 한번쯤 "어려운 공부 하네요"라는 말을 들었을 겁니다. 이처럼 인문학, 그중에서도 특히 철학은 어렵다는 선입견이 강합니다. 실제로 인문학은 어렵지요. 하지만 인문학만 그럴까요? 다른 학문도 마찬가지 아닐까요? 그런데도 유독 인문학이 어렵다고 생각하는 이유는 역설적으로 인문학이 개중 가장 쉽기 때문은 아닐까 하고 생각해 봅니다. 물리학 책만 해도 비전공자들은 선뜻 집어 들기 어려우니까요.

인문학은 다른 학문에 비해 진입 문턱이 낮다고 생각합니다. 비전공자가 철학책을 온전히 읽고 이해하는 것은 무리겠지만, 그래도 인내심을 갖고 노력하면 읽고 이해할 수 있다는 사실에서도 알 수 있지요. 인문학이 다른 학문보다 쉬운 이유는 인문학은 우리의 삶을 다루고 있기 때문입니다. 누구나 지금

이 순간에도 삶을 겪으며 살아가고 있기 때문에 인문학의 기본은 이미 알고 있다고 봐야 합니다. 평소에 삶에 대한 고민이 많은 분이라면 훨씬 더 인문학적 주제들이 자기 이야기처럼 와닿을 겁니다.

늘 위기

'인문학의 위기'라는 말은 하루 이틀 들은 말이 아니지요. 인문학에 대한 대중의 관심이 날로 떨어지고 있다, 인문학 전공자들의 실력이 이전만 못하다, 인문학자들은 현실 문제를 풀 대안과 실천 방향을 제시하지 못한다 등등의 이유를 대면서 말이지요. 과연 타당한 지적일까요?

그럼 인문학이 화려하게 꽃피웠던 황금기에는 어땠을까요? 철학자 카를 야스퍼스는 아테네의 소크라테스·플라톤·아리스토텔레스, 중국의 공자·노자·장자, 인도의 석가모니 등 동서양의 기라성 같은 사상가들이 앞다투어 탄생한 기원전 800년에서 기원전 200년을 '축의 시대'라고 명명했습니다.

그런데 아이러니하게도 정작 그 시절 사상가들은 자신이 살았던 시대를 인문학 전성기라기는커녕 인문학의 위기라고 생각했지요. 플라톤의 《국가》를 보면 어떤 사람이 소크라테스에게 철학을 하면 오히려 열등하고 쓸모없는 사람이 되지 않느냐고 묻는 장면이 나옵니다. 소크라테스는 철학에게 실력을 발휘할 기회도 안 주고서 쓸모없다고 단정하면 안 된다고 답하지요. 이를 통해 당대에도 인문학을 부정적으로 바라보는 시각이 많았고 인문학에 충분한 기회도 주지 않았다는 사실을 엿볼 수 있습니다.

《논어》에도 비슷한 구절이 있습니다. "옛날 학자들은 자신을 위해 공부했지만, 오늘날 학자들은 남에게 보이기 위해 공부한다"는 공자의 탄식이 나옵니다. 여기서 공부란 인문학 공부를 말합니다. 옛날에는 자신의 행복과 발전을 위해 인문학을 공부했지만, 공자가 사는 '오늘날'에는 인문학이 출세의 도구, 지식을 뽐내기 위한 수단으로 변질됐다는 지적이지요.

축의 시대는 아니지만 조선 시대도 인문학의 황금기라 이를 만합니다. 지고의 임금부터 초야의 선비까지 식자층이라면 모두 철학을 공부하고 시문을 지었을 정도니까요. 인문학에 대한 열정이 깊어 인문학의 위상도 무척 높았던 시기였습니다. 하지만 이런 시대에도 인문학 위기 운운하며 한탄하는 것을 여러 책에서 발견할 수 있습니다. 몇 곳만 보겠습니다.

● 학술이 날로 낮아짐이 오늘날보다 심할 때는 없을 것이다.
  _《세종실록》
● 오늘날 폐습은 선비들이 학문은 좋아하지 않고 허명만을 숭상하는 것이다. _《명종실록》

● 오늘날 폐단 중에는 과거부터 내려온 것이 심한데, 그 대략을 논하자면 선비들이 글을 읽지 않는 것이 첫째다. _《정조실록》

인문학에 조예가 깊었던 세종과 정조 시대에도, 이황·이이 같은 대철학자들이 활동한 명종 때에도 인문학은 위기였다니 웃어야 할지 울어야 할지 모르겠습니다.

4차 산업혁명 시대로 접어들면서 인문학이 더 침체되지 않을까 우려하는 목소리들이 있습니다. 저는 오히려 그 반대일 거라고 보고 있습니다. 과학기술이 발전할수록 인문학이 더 중요해지지 않을까 싶습니다. 기본적으로 과학과 인문학은 대체가 아닌 보완 관계라고 보기 때문이지요. 무언가가 급속히 발전하면 그만큼 문제점도 생기게 마련입니다. 과학기술에서 파생된 많은 문제를 저는 인문학이 해결해 주리라 기대하고 있습니다.

쓸모를 지탱하는 쓸모

인문학의 쓸모에 관해 말할 때 자주 인용되는 것이 수도꼭지 비유입니다.

이야기는 막 근대로 접어든 대만에서 시작됩니다. 시골 사람들이 대거 도시로 올라옵니다. 수도 시설을 접하지 못한 이들은 물을 얻기 위해 우물을 찾습니다. 그런데 우물은 없고 수도꼭지에서 물이 쏟아져 내리는 겁니다. 이 광경을 보고 놀란 사람들이 철물점으로 달려갑니다. 수도꼭지를 사들입니다. 수도꼭지를 물이 샘솟는 마법의 도구로 착각한 것이죠. 물론 수원지와 수도관이 연결되지 않은 수도꼭지에서 물이 나올 리 없지요.

물을 내뿜는 것은 수도꼭지이지만, 물을 보관하고 나르는 것은 수원지와 수도관입니다. 수도꼭지 혼자서 물을 내뿜을 수는 없습니다. 수도꼭지는 단지 장치일 뿐이니까요. 눈에 띄지는 않지만 수원지와 수도관이야말로 가장 근본적인 역할을 하는 겁니다. 이 이야기에서 수원지와 수도관은 인문학을, 수도꼭지는 실용 학문을 가리킵니다. 물은 성과를 뜻하고요. 인문학은 성과가 눈에 띄지 않아서 무용한 것 같지만, 성과가 나게 하는 근본 힘을 제공합니다.

당장 성과를 내는 것은 실용 학문이지만 실용 학문을 계발하고 사용하는 것은 사람입니다. 사람의 삶을 연구하고 사람에게 삶의 의지와 힘을 불어넣는 것은 결국 인문학입니다. 인문학은 실용 학문에게 방향과 아이디어도 제공합니다. 그런데도 이를 모르는 사람들은 단지 눈에 드러나지 않는다고 해서 수원지와 수도관이 쓸모없다고, 인문학이 물질적인 성과를 생산하지 못한다고 깎아내립니다. 쓸모를 지탱하는 쓸모, 그것이야말로 어디에도 없는 인문학의 쓸모인데 말입니다.

2부

왜 인문학을 공부해야 할까

안경이라서

시력이 나쁜데도 안경을 쓰지 않았던 사람이 처음 안경을 쓰면 세상이 어때 보일까요? 선명해져 감동할 겁니다. 돋보기는 작아서 보지 못했던 것들을 보여 주고, 망원경은 멀어 보지 못했던 것을 보이게 하지요. 실제 세상은 그대로인데, 내가 착용한 렌즈에 따라 세상이 달라 보이는 겁니다.

이런 안경처럼 인문학은 우리에게 기존과 다른 세상을 선사합니다. 인문학을 공부한다는 건 어쩌면 관점을 공부한다는 말과 같은 게 아닐까요. 역사에 이름을 남긴 인문학자들은 저마다 개성 있으면서도 일리 있는 관점을 확립한 이들이지요. 그들은 마치 안경을 쓰듯이 자신들만의 관점으로 사람과 세상을 바라보았고, 그것의 결과물이라 할 사상을 우리에게 남겼습니다. 우리는 그 사상을 통해 그들의 관점을 익히게 됩니다. 그리고 그 관점을 그대로 자신의 관점으로 삼기도 하고, 지금의 현실에 맞게 재해석하거나 그 관점의 문제점을 파헤치고 극복함으로써 새로운 관점을 구축하기도 합니다.

관점은 사소한 것 같지만 무한한 힘을 품고 있습니다. 새로운 관점은 새로운 면을 인식하게 이끄니까요. 그 전에는 지나쳤던 문제점을 보게 하고 이를 풀어 낼 해법의 실마리도 눈에 들어오게 합니다. 그래서 관점의 힘을 다른 말로 '통찰력'이라고 합니다.

통찰력의 힘을 보여 준 역사적 인물 중 한 사람이 마르크스입니다. 그는 세계 근현대사에서 가장 큰 영향력을 끼친 사상가라고 해도 과언이 아니지요. 그의 사상은 철학, 문학, 사학, 예술, 사회학, 정치학, 경제학 분야 등에서 지금까지도 지대한 영향을 끼치고 있습니다. 그는 계급으로 세상을 바라보았지요. 간단히 말하면 유사 이래 계급은 존재해 왔고 계급 간의 투쟁이 역사를 진보시켜 왔다는 주장입니다.

마르크스가 살던 당시 유럽은 지금보다 훨씬 빈부 격차가 심했습니다. 그런데도 상류층은 영주와 농노 같은 신분제가 사라졌다는 이유로 이제 더는 억압이나 착취가 존재하지 않는다고 우겼습니다. 가난의 책임을 국가나 사회 구조가 아닌, 개인의 무능력과 게으름 탓으로 돌렸고요. 마르크스는 이런 주장에 계급론으로 맞선 겁니다.

마르크스의 관점에 동조하는 이들이 곧 전 세계에서 들고 일어납니다. 마르크스의 관점은 유럽은 물론, 일제 강점기 우리나라의 독립운동과 해방 후 민주화운동에까지 영향을 끼쳤습니다. 마르크스 관점은 다른 관점에도 큰 영감을 주었습니다. 그중 하나가 자유주의이지요. 자유주의자들은 마르크스 관점을 비판하면서 자신의 이론을 성장시켰는데 이들 역시 마르크스의 영향을 받았다는 점에서 마르크스에 동조하는 이들과 같은 처지지요.

마르크스 예에서 볼 수 있듯이 인문학은 인문학을 공부하는 이들에게 새로운 관점의 단서를 제공합니다. 인문학의 잠재력이 무궁한 이유지요. 인문학을 어떻게 받아들여 무언가를 창조해 낼지는 공부하는 이의 몫입니다. 관점이 바뀌면 세상을 바라보는 나의 시각이 바뀌고, 이후에는 진짜 세상이 바뀝니다.

직각자니까

직각자는 집을 지을 때 반드시 필요한 연장입니다. 직각자가 있어야 각도와 길이를 잴 수 있으니까요. 자재 하나를 깎고 덧댈 때 눈대중으로 0.5센티미터, 5도만 틀어져도 큰 차질이 생깁니다. 처음엔 별 문제 아닌 것 같지만, 자재를 잇다 보면 어느덧 0.5센티미터 오차가 50센티미터가 되고, 5도가 이내 50도가 되어 버립니다. 그러면 해체해서 처음부터 다시 시작할 수밖에 없습니다. 그래서 자재를 재단할 때는 꼭 직각자로 해야 합니다.

집을 지을 때 직각자가 재단의 기준이라면, 생각의 집을 지을 때는 논리가 기준이 됩니다. 직각자로 잰 자재들이 모여 집이 되듯이, 논리적인 명제가 모여 하나의 건강한 사유를 형성합니다.

염두에 두어야 할 점은 새로움이 언제나 진전을 보장하는 건 아니라는 겁니다. 새로운 것이 새로운 결과물을 내놓겠지만, 그 결과물이 기존보다 발전한 것이라는 보장은 없는 거죠. 기존보다 못한 새것이라면 별 의미가 없겠지요. 의미 있는 새로움이 되려면, 상식을 뛰어넘어야지 상식에 못 미쳐서는 안 됩니다.

논리가 중요한 이유가 여기에 있습니다. 논리는 최소한 사실에서 벗어나지 않도록 잡아 줍니다. 직각자가 예술적인 집을 보장해 주진 않지만 최소한 설계도대로 집을 지을 수 있게 하는 것과 같습니다. 직각자 없이 지으면 주택이 아닌 흉물이 되듯이, 논리 없이 남다른 생각, 새로운 사유만 좇다간 자칫 괴물 같은 사상을 만들어 낼지도 모릅니다.

논리력을 기르는 데는 인문학만 한 것이 없습니다. 특히 철학에서 논리는 필수입니다. 철학자들의 사상과 글은 한마디로 논리로 쌓아 올린 구조물이라 할 수 있습니다. 철학은 자연과학에서 쓰는 실험, 통계 등의 방법을 사용하지 않아서 이론이 논리적이냐 아니냐가 이론의 정합성을 판단하는 중요한 기준이 되니까요.

따라서 철학자들의 논리적인 글을 자주 접하다 보면 자연히 논리적인 사고에 익숙해질 겁니다. 철학자 간의 논쟁은 실상 논리 논쟁이나 다름없습니다. 상대방의 사상을 지탱하는 논리의 허점을 찌르는 것이 관건이지요. 뼈대를 이루는 논리 하나가 무너지면 사상 전체가 흔들리니까요. 이러한 논리 싸움을 읽고 공부하다 보면, 처음엔 다소 낯설어도 어느덧 논리력이 크게 향상된 자신과 만날 수 있을 겁니다.

논리학은 철학의 하위 분야지요. 논리력을 집중적으로 키우고 싶다면, 곧장 논리학 개론서를 공부하는 게 논리력을 향상시키는 지름길일지도 모릅니다.

붓도 된다

화풍이 다양하듯이 붓의 종류도 각양각색입니다. 붓은 붓 털에 따라 인조모와 자연모로 나뉘는데, 담비나 족제비 털 등 이 자연모에 쓰입니다. 붓 모양에 따라서도 둥근 붓, 납작 붓, 부채 붓, 타원 붓, 세필 붓 등으로 나뉩니다. 이렇게 많은 붓 중 에서 화가는 자신이 그리고픈 그림 풍과 쓸모에 맞게 붓을 선 택하지요.

프랑스 소설가 플로베르는 '일물일어설'을 말한 바 있습니 다. 하나의 사물과 하나의 현상을 적확하게 표현할 수 있는 단 하나의 단어가 존재한다는 것이지요. 이 믿음은, 인간 언어의 이상과 한계를 동시에 담고 있습니다.

일물일어는 실제로 언어가 그렇게 기능할 수 있다는 증명 이라기보다는, 언어는 마땅히 그래야 한다는 지향을 강조한 것으로 이해해야 합니다. 글을 쓰거나 말을 할 때 자신의 주장과 감정을 표현할 적절한 단어나 문장이 떠오르지 않는 경우가 종종 있습니다. 적확하게 표현해 낼 단어가 있겠다는 생각은 분명 드는데, 끝내 그 말을 찾지 못해 답답했던 경험이 다들 있을 겁니다.

이때 알맞은 단어, 표현을 찾아내는 능력을 표현력이라고 합니다. 표현력은 자신의 언어 창고에 얼마나 다양한 말을 담아 놓았느냐에 따라 달라질 수 있습니다. 마치 화가가 여러 종류의 붓이 담긴 붓통을 작업실에 보관하고 있는 것과 비슷하지요. 인문학은 언어 창고를 풍부하게 채워 줍니다.

시인 정지용은 "미인의 점 하나는 매력이 될 수 있으나, 시에서 잘못 찍은 점 하나는 시 전체를 무너뜨린다"고 말했지요. 이렇듯 치밀한 작업 속에서 인문학적 글이 탄생합니다. 그런 글에는 단어 하나 허투루 쓰이지 않습니다. 인문학을 자주 접하다 보면 이런 글들이 자신만의 언어 창고에 차곡차곡 쌓이게 될 겁니다.

엔진이다

실천력은 엔진에 비유할 수 있습니다. 차의 엔진 성능이 좋아야 목적지까지 잘 달려 나갈 수 있습니다. 사람 역시 실천력이 있어야 뜻한 바를 해낼 수 있습니다. 그렇다면 인문학은 어떤 점에서 강력한 엔진이 될 수 있을까요?

첫째, 인문학은 건강한 욕망을 품게 합니다. 청소년들에게 꿈을 물으면 대부분 심드렁한 표정으로 없다고 답합니다. 꿈이 있다고 말하는 학생들조차 가만 들어 보면, 부모님이 추천해 준 직업을 그대로 희망하거나, 많은 이가 선망하니까 자기도 되고 싶다고 답하는 경우가 많지요. 몇몇을 제외하고는 그토록 간절히 이루고 싶은 꿈이 없는 것 같습니다.

청소년뿐만이 아닙니다. 성인들도 꿈이 없기는 마찬가지입니다. 꿈은 직업에만 한정되지 않습니다. 취직했다고 해서 꿈이 끝나는 것이 아닌데도 직장인이 되면서 자연스럽게 꿈꾸던 일을 접는 분이 많습니다.

올해 우리나라에서 열린 세계수영대회에 만 91세인 불가리아 노인이 참가해 화제가 됐습니다. 그는 이 대회를 위해 반년 동안 훈련에 매진했다고 합니다. 고령에도 먼 타국의 대회에까지 참가한 이유를 이렇게 밝혔습니다. "나에게는 욕망이 있습니다. 욕망이 없으면 목표에 다다를 수 없으며 삶 또한 없는 것이라 생각합니다. 나는 나의 욕망을 이루기 위해 이 대회에 참가했습니다." 욕망이 없으면 목표에 다다를 수 없으며 삶 또한 없는 것이라는 말이 인상 깊습니다.

흔히 욕망은 버려야 할 것으로 치부합니다. 그러나 인문학은 욕망을 버리라고 종용하지 않습니다. 욕망을 버릴 방법을 알려 달라는 제자의 물음에, 우리나라 근대 사상가 소태산 박중빈은 이렇게 대답합니다.

> 욕심은 없앨 것이 아니라 도리어 키워야 한다. 작은 욕심을 큰 서원으로 돌려 키워서 마음이 거기에 전일하면 작은 욕심들은 자연 잠잘 것이고, 그리하면 저절로 여유롭고 넉넉한 생활을 하게 된다.
> _《대종경》

제자는 자신을 괴롭히는 끝없는 욕망 때문에 괴로워합니

다. 그러나 박중빈은 그것은 욕망 때문이 아니라, 욕망이 작기 때문이라고 진단합니다. 욕망을 버리려 하지 말고 오히려 욕망을 키우라고 합니다. 큰 욕망을 품으면, 그간 나를 괴롭혀 온 작은 욕망들은 자연히 잠잠해진다는 겁니다. 이렇듯 인문학은 욕망을 버리라고 말하지 않습니다. 다만 욕망을 건강한 것과 그렇지 못한 것으로 구분하고, 건강한 욕망을 더 키우라고 하지요.

인문학을 공부하다 보면 꿈이 생기지 않을 수 없습니다. 어린이에게 위인전을 읽히는 이유가 단지 착하게 살아야 한다고 말하려는 것이 아니라는 건 모두 알 겁니다. 위인들이 품었던 큰 꿈, 큰 욕망을 닮으라는 것이 본래 의도지요. 소설만 해도 소설을 읽으면 소설에 등장하는 다양한 인물의 삶을 보면서 그들의 꿈을 이어 받기도 하고, 반면교사 삼아 새로운 꿈을 품기도 합니다. 끊임없이 건강한 욕망을 품고 실천할 것을 촉구하는 인문학의 글들을 보면 자연스레 욕망도 확장됩니다.

둘째, 인문학은 실천의 토대가 되는 판단력을 길러 줍니다. 보통 실천을 의지의 문제로 생각하는데, 실천은 의지만의 문제가 아닙니다. 정확한 상황 판단이 뒷받침될 때 사람은 비로소 실천할 용기를 내니까요. 용기는 막연히 다짐한다고 해서 생기는 것이 아닙니다. 용기가 자랄 수 있는 환경을 조성해 주어야 합니다. 용기의 적이 두려움이지요. 우리는 대상을 잘 모를 때 더 두려워합니다. 대상을 알고서 계획을 세우면 막연한 두려움이 사라집니다. 상황을 올바르게 인식하는 판단력이 필요한 이유지요.

인문학을 공부하면 판단력을 키울 수 있습니다. 역사는 '오래된 미래'라고 하지요. 과거 사건이 미래에 똑같이 재현되지는 않지만, 과거 사건에 내재한 법칙은 다른 얼굴을 한 채 미래에 옵니다. 역사학자는 우리에게 단지 과거의 사건을 나열해 주지 않습니다. 그 사건에 내재된 법칙과 교훈을 발견해 알려 줍니다. 그렇게 과거에서 끌어낸 법칙과 교훈이 현재 우리에게 판단의 자양분이 되어 주는 것이지요. 그리고 그러한 판단력과 건강한 욕망이 만나 강력한 엔진, 실천력을 추동합니다.

거울이니까

타인과 관계를 맺을 때 자기객관화는 꼭 필요합니다. 자기객관화란 자신을 객관적으로 인식할 수 있는 능력입니다. 사람은 누구나 단점을 갖고 있습니다. 남보다 더 이기적인 사람이 있고, 고집이 유독 센 사람도 있지요. 감수성이 부족한 사람이 있고, 상황 인식이 떨어지는 사람도 있습니다. 그러나 단점 자체가 큰 문제를 야기하는 건 아닙니다. 단점이 있다고 해서 타인과 관계를 맺을 수 없다면, 이 세상에 관계를 맺을 수 있는 사람은 존재하지 않을 테니까요. 문제는 자신의 단점이 단점인 줄 모를 때 생깁니다. 그때는 타인과 원활하게 만나기가 어려워집니다.

옛 성인들도 하나같이 이 점을 지적했습니다. 노자는 "모름을 아는 것이 가장 중요하다. 모름을 모르는 것이 병이다. 그래서 성인은 병이 없다. 그 병을 병으로 알기 때문에 병에 걸리지 않는다"고 말했지요. 공자도 "아는 것을 안다고 말하고 모르는 것을 모른다고 말하는 것이 진정한 앎이다"고 했습니다.

소크라테스도 "알지 못하면서 알고 있는 듯이 생각하는 것이야말로 가장 비난받아야 마땅한 무지"라고 말한 바 있습니다. 소크라테스가 줄곧 인용한 델피 신전의 "네 자신을 알라"는 글귀 역시 단순히 자신의 사회적 위치나 분수를 인식하라는 뜻이 아닙니다. 자신의 무지를 자각하라고 촉구하는 것이며, 이는 스스로를 객관화해서 바라볼 수 있어야 한다는 뜻도 품고 있지요.

자신을 객관적으로 인식할 줄 알아야 타인과 건강하게 만날 수 있습니다. 예를 들어 다른 사람들은 모두 본인을 '꼰대'라고 여기는데, 자신은 정작 '수평적인 사람'이라고 착각하는 선배나 상사가 있다면 어떨까요. 아랫사람들이 여간 불편하고 답답해하지 않을 수 없을 겁니다.

그간 유지해 온 삶의 모습을 바꾸기는 쉽지 않습니다. 그렇더라도 최소한 자신의 단점과 장점을 지각은 해야 합니다. 단점을 인식해야 고칠 수 있고, 장점을 알아야 잘 발휘할 수 있습니다. 자기객관화를 못하는 사람은 마치 거울을 보지 않는 사람과 같습니다. 거울에 자신을 비추어 보아야 용모를 단정히 할 수 있지요.

인문학은 우리에게 거울이 되어 줍니다. 자기 삶을 돌아보게 합니다. 자꾸 자신을 대입하여 사유하게 하고, 그러면서 스스로를 객관적으로 정확하게 인식할 수 있게 합니다. 다른 학문과 달리 인문학은 우리 삶 자체를 다루기 때문이지요.

신발일 때도 있다

　불행은 상황이 아닌 감정입니다. 궁극적으로 불행한 상황이란 없지요. 어떤 상황을 불행한 것으로 받아들이는 나의 감정이 있을 뿐입니다. 그러나 현실적으로는 불행한 감정이 동반되는 상황이 없다고 할 수는 없습니다. 예를 들어, 가까운 사람과 헤어지게 되었거나 갑작스러운 사고를 당하게 된다면, 그 상황에서 불행을 느끼지 않기는 힘드니까요. 불행을 느끼지 않는 것이 오히려 이상합니다.

　문제는, 불행하지 않아도 되는 상황에서도 우리는 불행을 느낀다는 겁니다. 다소 필연적인 불행이야 어쩔 수 없지만, 적어도 굳이 겪지 않아도 될 불행이라면 되도록 피하는 것이 슬기로운 일이지요. 그렇다면 우리는 어떤 상황에서 주로 불필요한 불행을 느낄까요? 대부분 '비교'할 때일 겁니다. 우리는 매

순간 비교하면서 사니까요. 비교해서 행복을 느낄 때도 있지만 그보다는 불행을 느끼는 경우가 더 많습니다.

무엇과 비교할까요? 첫째, 타인입니다. 타인이 가진 것과 내가 가진 것을 비교합니다. 타인이 가진 것을 내가 갖지 못할 때 불행하고, 내가 가진 것을 타인이 갖지 못할 때 행복해하기도 합니다. 둘째, 과거의 자신입니다. 우리는 타인과도 비교하지만, 이전의 자신과 현재의 자신도 비교합니다. 과거 내가 가졌던 것을 지금은 갖고 있지 않을 때, 지난날보다 현재의 내가 초라해 보일 때 불행해하죠. 셋째, 미래의 자신입니다. 우리는 미래의 나와도 비교합니다. 미래의 나는 실존하지 않기 때문에 정확히 말하자면, 과거 혹은 현재에 꿈꾼 미래의 자신과 비교합니다. 10년 전에 꿈꾸었던 내 모습과 현재의 모습이 다를 때도 불행해합니다.

이런 상태에서 벗어나려면 어떻게 해야 할까요? 일단 비교를 하지 않는 것이죠. 비교 자체를 거부한다면 비교로 인한 불행은 일어나지 않을 겁니다. 그러나 비교하는 습관을 한순간에 떨쳐 내는 것은 쉽지 않습니다. 그렇다면 비교는 하되, 비교의 기준을 새롭게 설정하는 것도 한 방법일 겁니다. 기존에는 외모, 학벌, 재산, 권력 등이 비교의 주된 기준이었는데 이 기준을 뒤집는 것이죠.

그럼 무엇이 새 기준이 될 수 있을까요? 인문학입니다. 인문학 박사 학위를 취득하거나 인문학 지식을 많이 쌓아야 한다는 말이 아닙니다. 인문학의 역량은 학위나 지식의 양으로 결정되지 않으니까요. 다른 학문과 달리 인문학에는 당위와 가치가 개입됩니다. 화학을 전공한 사람이 화학처럼 산다는 것은 아무래도 말이 이상하지요. 그런데 철학을 공부한 사람이 철학처럼 사는 것은 자연스러운 인과이자 의무로 여겨집니다.

인문학을 진지하게 공부한 사람은 인문학적 가치관이 몸에 뱁니다. 인문학적 가치가 비교의 첫째 기준이 되는 것이죠. 따라서 인문학을 깊이 공부한 이는 외모나 재산 같은 외적인 것들이 나의 행불행을 결정하도록 내버려 두지 않습니다. 비교의 기준을 외면에서 내면으로 옮깁니다. 인문학적 가치관이 비교 기준이 되게 합니다. 남이 나보다 감정을 잘 다스린다고 해서, 남이 나보다 가치 있는 삶을 산다고 해서 질투하는 경우는 없습니다. 나보다 한 걸음 더 앞에 있는 사람들을 닮으려고 애쓸 따름이지요.

타인이 갖춘 능력과 지위가 부러울 수는 있습니다. 그러나 인문학적 가치관을 정립한 사람은 그 때문에 열등감과 불행을 느끼지는 않습니다. 타인의 장점을 시샘하지 않고 넓은 마음으로 직시하고 축하해 줄 수 있게 됩니다. 그러한 마음을 자존감이라 일컫지요. 비교를 하지 않는 마음. 또는 비교는 하되 그것으로 인해 내가 불행해지지 않는 마음. 시샘하기는커녕 기꺼이 함께 기뻐해 주는, 너른 마음이 자존감입니다.

지금까지는 남과 비교해서 불행을 느끼고, 그 불행한 마음을 없애려고 남과 경쟁하는 게 일상이었습니다. 그런데 그 불행한 이유를 제거하면 금세 나보다 더 뛰어난 사람이 눈에 띄지요. 그래서 다시 불행해지고 또 노력해야 하고. 이런 악순환에 빠져 있었다면 이제는 비교의 기준을 전복시켜 자존감을 키우는 게 어떨까요.

자존감은 비유하자면 신발과 같습니다. 인생이 가시밭길입니다. 길에 박힌 모든 가시를 뽑는 일로 삶을 허비할까요? 아니면 가시가 감히 뚫지 못할 단단한 신발을 마련할까요?

지우개라서

　한때 '힐링'이란 말이 유행했습니다. 몇몇 인문학자는 힐링과 인문학 사이에 선을 긋기도 했지만, 사실 인문학이야말로 힐링, 치유의 본거지입니다. 심리학이나 상담학은 근대 들어 생겼습니다. 이전에는 인문학이 치유를 담당했지요.

　옛 사람들은 인문학에 조예가 깊은 스승을 만나서 자신의 고민을 털어놓거나 인문학 서적을 읽으면서 내면의 고민을 풀었습니다. 공자, 석가모니, 소크라테스, 주희, 이황 등 철학자들의 문답법은 지금 봐도 무척 훌륭한 교수법입니다. 일종의 철학 상담 같고요.

　한번은 몰골이 피폐한 젊은 여성이 석가모니를 찾아왔습니다. 며칠 전 어린 자식을 병으로 잃은 여인이었습니다. 그녀는 자식을 살려 낼 방도가 있으리라는 믿음으로 장례조차 치르지 않았습니다. 석가모니를 찾아온 이유도 슬픔을 극복할 방법이 아닌, 자식을 살려 낼 비책을 구하기 위해서였지요. 자식의 죽음을 받아들이지 못한 겁니다.

"부처님, 제발 제 아이를 살릴 수 있는 치료법을 일러 주십시오."

그녀의 애원 어린 부탁에 석가모니가 비책을 알려 줍니다. 흰 겨자씨를 구해 오면 살려 주겠다는 겁니다. 다만 조건이 있습니다. 죽은 가족이 한 명도 없는 집에서 구해 온 겨자씨여야 한다는 겁니다. 그런 집이 있을 리 없습니다. 하지만 자식을 잃은 충격에 빠진 그녀는 희망에 차서 마을로 달려갑니다. 그러고는 사람이 죽지 않은 집을 찾아 헤맵니다.

"가족 중에 죽은 사람이 있나요?"

"이십 년 전에 어머니께서 돌아가셨습니다."

"재작년에 막내아들이 사고로 죽었습니다."

"올해 동생을 잃었습니다."

꼬박 이틀을 헤맨 뒤에야 그녀는 문득 깨닫습니다. 석가모니가 말한 조건의 흰 겨자씨를 구하는 것이 불가능하다는 사실을요. 죽음이란 필연적인 것임을 받아들이게 된 것이죠.

그녀가 다시 석가모니를 찾아옵니다. 처음과 달리 차분한 모습입니다. 석가모니가 묻죠.

"겨자씨를 구해 왔습니까?"

"구하지 못했습니다. 온 마을에 산 자보다 죽은 자가 더 많았습니다."

석가모니가 말합니다.

"그대는 그대만이 소중한 사람을 잃었다고 생각했습니다. 그러나 태어나면 언젠가는 죽고, 만남이 있으면 반드시 헤어짐이 있기 마련입니다. 이것은 모든 존재에게 해당하는 견고한 법칙입니다. 사람은 끝없이 탐욕을 좇지만, 죽음의 왕은 탐욕을 미처 채우지 못한 모든 존재를 거센 파도처럼 휩쓸어 고통의 바다에 빠뜨립니다. (…)"

현대 심리학에서도 죽음을 받아들이는 것을 주요한 과제로 여깁니다. 심리학자이자 죽음 연구의 권위자인 엘리자베스 퀴블러 로스는 임종자의 죽음 수용 과정을 다섯 단계로 나눕니다. ①부인, ②분노, ③타협, ④절망, ⑤수용 단계지요.

처음에는 죽음 자체를 거짓이라며 부인합니다. 그다음에는 죽는 것에 크게 분노합니다. 그러다 타협을 시도하지요. 몇 달이라도 더 살아서 못다 한 일들을 처리하길 바랍니다. 그러다 또 크게 우울해하고 절망하지요. 마지막에는 죽음을 있는 그대로 받아들임으로써 평화롭게 임종을 맞습니다.

그런데 모든 임종자가 이 단계를 밟아 가는 것은 아니라고 합니다. 마지막 단계에 이르지 못한 채 앞 단계에서 멈추는 경우도 많습니다. 이는 당사자뿐 아니라 죽음을 지켜보는 주변인에게도 해당됩니다. 석가모니를 찾아온 여성은 아직 1단계, 자식의 죽음 자체를 부인하는 상태에 머물러 있었습니다. 이런 사람을 당장 설득하려 드는 것은 바람직하지 않습니다. 오히려 상태를 더 악화시킬 수 있지요.

석가모니는 다른 사람들도 그녀처럼 소중한 사람을 잃은 경험이 있고 결국 죽음을 받아들여야 한다는 사실을 스스로 깨달을 때까지 기다렸습니다. 같은 말도 권위에 기대 들을 때와 같은 상처를 겪은 사람을 통해 들을 때가 다릅니다. 그녀는 자신과 같은 상처를 겪은 이들과 대화하면서 차차 죽음을 받아들였고 그 과정에서 치유를 경험합니다. 그렇게 그녀가 마음을 추스른 뒤에야 석가모니는 비로소 도움이 될 말을 꺼냈지요. 이러한 석가모니의 치유법은 오늘날 상담 프로그램과도 유사한 점이 있습니다.

인문학이 가진 치유의 힘은 당대에 그치지 않습니다. 이야기 속의 여성만이 아니라 수천 년이 지난 뒤 지금의 우리도 이 이야기를 보면서 치유받기 때문이지요. 이 여인의 아픔에 자신의 아픔을 대입하고, 석가모니의 치유법을 받아들입니다.

인문학이 가진 치유의 힘은 지우개와 같습니다. 수정테이프나 화이트는 잘못 쓴 글자를 그대로 둔 채 그 위에 덧씌우는 반면 지우개는 글자 하나하나를 깨끗이 지우고서 다시 시작하게 하니까요. 힘을 줘 지우다 보면 팔은 아프지만, 잘못된 것을 바로잡을 가장 확실하고 반듯한 방법이지요.

인문학은 상처를 잠시 덮어 두라고, 잊으라고 말하지 않습니다. 오히려 상처와 정면으로 마주 보길 요구하지요. 힘들겠지만 언젠가는 꼭 거쳐야 하는 과정이기 때문입니다. 석가모니가 그 여성이 자식의 죽음과 마주하게 한 배경이지요.

더 나아가 인문학은 정신의학이나 상담심리학과 달리 독서와 공부 등 전통적이고 주체적인 방식을 통해 스스로를 치유할 수 있게 합니다. 이런 주체적인 치유 여정, 그것이 또한 인문학의 한 강점이지요.

3부

인문학을 이해하기 위해
필요한 질문들

순수문학은 정말 순수할까

'논쟁으로 보는 …', '논쟁으로 읽는 …' 등의 제목을 단 입문서가 많습니다. 논쟁으로 접근하는 것만큼 학문 체계를 이해하는 데 좋은 방법이 없기 때문이지요. 게다가 논쟁은 흥미진진합니다. 이 장에서는 문사철 각각의 주요 논쟁을 훑어볼까 합니다. 인문학 전체 그림을 그리는 데 좋을 겁니다.

먼저 문학 분야를 뒤흔든 논쟁에 대해 살펴보겠습니다.

우리 현대문학사를 보면 크게 두 번의 순수문학 논쟁이 있었습니다. 첫 번째는 순수문학과 참여문학 사이의 논쟁이지요. 참여문학 쪽에서는 정치적인 문제에 적극 개입하고 사회의 부조리를 고발하며 저항하는 것이 문학의 역할이라고 주장합니다. 반면, 순수문학에서는 시대와 사회의 문제, 특히 정치와 무관하게 예술로서의 아름다움을 추구하는 것이 문학의 본분이라고 여기죠.

이 대립은 해방 직후로 거슬러 올라갑니다. 해방 직후 문학계는 크게 둘로 나뉩니다. 임화, 이기영, 한설야 등 조선문학가동맹은 참여문학을 주장했고, 김동리·서정주·조연현 등이 중심이 된 조선청년문학가협회는 순수문학을 내세웠습니다.

문학에서 정치성과 저항성을 우선시해야 한다는 쪽, 순수성과 예술성을 우선시해야 한다는 쪽 모두 각각 일리가 있습니다. 문학이 사회 참여만 해서는 예술로서의 격과 흥이 떨어지고, 반대로 예술성만 강조해서는 현실과 괴리가 생겨 문학이 한갓 고상한 오락으로 전락할 수 있으니까요. 어느 한쪽이 전적으로 옳다고도 틀렸다고도 보기 어렵습니다.

그런데 최근 연구 결과에 따르면 이러한 '참여 대 순수'의 구도 자체가 순수문학 측에서 의도적으로 기획한 것으로, 그 시대의 논쟁으로 규정할 만한 것이 못 된다고 밝혀졌습니다. '정치를 배제해야 한다'는 구호야말로 가장 정치적인 구호일 수 있지요. 왜냐하면 '비정치'라는 이름 아래 모든 걸 정치적이냐, 아니냐로 가른다는 것 자체가 실은 정치성을 잣대로 판단하는 것이기 때문이지요. 비정치 자체에 이미 철저한 정치적 의도가 숨겨져 있다는 겁니다.

또 당대의 순수문학은 정작 '순수'하지 않았습니다. 예를 들어, 이념 갈등과 피폐해진 국토에서 다들 어렵고 가난하게 사는 것에 대한 분노를 시에 담으면 정치적인 것이라 평합니다.

반면 오랜 전통과 국토의 아름다움과 강산의 푸름을 노래하면 순수한 것이라 하지요. 그러나 후자는 사실 순수한 것이 아니라 정치적 의도를 갖고서 현실의 문제를 은폐하는 것일 수 있습니다. 피폐해진 국토는 피폐해졌다고 말하고, 가난한 삶은 가난하다고 말하는 것이 진정 순수함 아닐까요. 오히려 순수문학은 순수를 내세워 자신들에게 유리하게 여론을 왜곡했다고 볼 수도 있습니다.

사실 당시 문학계의 대립 구도는 참여 대 순수가 아니라 좌파 대 우파라고 봐야 하지 않을까요. 실제로 순수문학을 표방하는 조선청년문학가협회는 반공 성향의 인물들이 주도한 반공 단체였습니다. 특히 서정주, 조연현 등은 일제 강점기 때 왕성하게 친일작품을 써 댄 친일파였습니다. 이런 사람들에게는 문학과 현실의 문제를 거론할수록 불리할 수밖에 없었겠지요.

또한 당시에는 명분과 여론 면에서 좌파가 우파보다 우세했습니다. 이 때문에 좌파 대 우파의 구도 역시 우파 진영에 유리하지 않았습니다. 그래서 고안해 낸 것이 바로 정치적인 참여문학 대 예술성을 강조하는 순수문학의 구도였다고 봅니다.

두 번째 순수문학 논쟁은 현재 진행형이라고 봐야 할 것 같습니다. 이제 순수문학 대 참여문학의 대립은 아닙니다. 순수문학 대 장르문학입니다. 간단히 비교하면, 순수문학은 작품성과 예술성을 추구하고, 장르문학은 흥미와 오락을 우선시합니다. 여기에서 순수문학은 신춘문예나 수준급 문예지를 거쳐 등

단한 작가들이 집필한 시, 소설, 수필, 희곡, 비평 등 기존의 문학을 가리킵니다. 반면 장르문학은 SF, 무협, 판타지, 추리, 호러, 로맨스 소설 등을 일컫는데, 넓게는 드라마와 영화 같은 영상문학과 대중가요의 가사, 만화 웹툰까지 포함됩니다.

이 논쟁의 쟁점은 장르문학을 문학으로 볼 수 있느냐는 겁니다. 순수문학 쪽에서는 장르문학이 예술성, 작품성 등 문학의 요건을 갖추지 못했다고 비판합니다. 장르문학은 흥미롭긴 하지만, 단지 대중의 욕구를 파악해서 가려운 곳을 긁어 주기만 해서는 문학의 본분을 다했다고 볼 수 없다는 지적입니다. 문학의 주목적은 반성적 사고를 일으키는 것에 있고 그러자면 문학이 때로 대중의 욕구에 반할 수도 있어야 하는데 장르문학은 그렇지 않다는 것이지요.

반면 장르문학 쪽에서는, 오늘날 대중에게 읽히고 사랑받는 것은 순수문학이 아니라 장르문학임을 강조합니다. 오히려 순수문학은 대중과 괴리되어 전문 작가와 비평가만이 읽고 평론하는 '그들만의 리그'에 불과하다는 겁니다.

두 주장 모두 타당한 측면이 있습니다. 하지만 지금처럼 계속 한쪽만 고수해서는 생산적인 토의가 어렵습니다. 이제는 새로운 토대에서 논쟁을 시작할 때입니다. 일찍이 문학평론가 김현은 〈문학이란 무엇인가〉에서 이렇게 말했습니다.

문학이 아름다운 형식을 필요로 해야 한다는 것은 사실이다.

그러나 아름다운 형식은 미리 만들어진 상태로 주어지는 법이 없다. 그것은 형식 자체를 부정하려는 강인한 정신과의 부단한 싸움 밑에서 얻어진다. 아름답다는 것은 '상투적인', 그리고 우리 앞에 널려 있는 것을 줍는 작업이 아니라, 인간 정신을 좁은 형식 속에 잡아 가두어 두려는 모든 음험하고 악랄한 것과의 싸움에서 얻어지는 보상인 것이다.

문학이 아름다운 형식과 내용을 갖추어야 한다는 순수문학 측의 비판은 타당합니다. 하지만 그런 형식과 내용이 따로 정해져 있는 건 아닙니다. 오히려 정해진 형식에 맞서는 것이야말로 진정한 문학의 역할이지요.

저는 순수문학은 일정한 형식을 정해 놓은 채 장르문학 자체를 배척해선 안 된다고 생각합니다. 지금처럼 순수문학과 장르문학으로 이분할 것이 아니라 장르문학이라도 문학성을 갖추었다면 문학으로 인정해야 하지 않을까요. 순수문학이라도 그것이 기존의 형식과 내용을 마냥 답습하고 있다면 작품 미달이라고 비판할 수 있고요.

고전소설과 판소리 사설도 엄밀히 말하면 장르문학입니다. 그런데 판소리만큼 민중과 함께해 온 문학이 없지요. 이 때문에 지금은 누구도 판소리의 문학성을 부정하지 않습니다.

순수문학과 장르문학의 생산적인 만남을 기대해 봅니다. 순수문학 측에서는 장르문학의 대중성을 분석하고 확보하려는

노력이, 장르문학에서는 순수문학의 문제의식을 받아들이려는
노력을 해야 하지 않을까요.

가사를 몰라도
팝송은 즐길 수 있다

가사를 다 이해해야만 팝송을 감상할 수 있을까요? 가사를 몰라도 팝송을 즐길 수 있다는 건 누구나 알 겁니다. 이처럼 문학 작품을 감상할 때도 반드시 학문적으로 알고 있어야 하는 건 아닙니다. 평생 문학을 공부한 교수라도 모든 작품을 다 이해할 순 없을 테고요.

작품을 감상하려면 먼저 마음의 문을 열어야 합니다. 우리가 문학에서 원하는 것은 작품 연구가 아니라 작품 감상이지요. 영어시험 듣기평가를 치르듯이 긴장된 상태에서 팝송을 듣는 사람은 없을 겁니다. 그런데 왜 문학 작품을 읽을 때는 국어시험 문제를 풀 듯이 긴장을 해야 할까요. 일단 그런 부담을 내려놓는 게 좋겠습니다.

특히 소설보다 시 읽기를 힘들어하는 분이 많습니다. 난해한 시구를 만났을 때 암호 풀 듯이 분석하려 해서 더 그럴 겁니다. 그 뜻을 모르더라도 직관적으로 느끼면 그만이지 않을까요. 그게 운문의 매력이니까요. 저는 그저 편한 마음으로 여러 번 소리 내서 읽는 것만으로도 충분하다고 생각합니다. 소리 내어 읽는 동안에 시구의 뜻을 자연스레 알게 되는 때도 있습니다.

분석의 전제는 무엇일까요. '분리'입니다. 분리는 다른 말로 하면 대상화지요. 먼발치에 시를 두고서 관찰하는 겁니다. 감상의 자세로서는 적절해 보이지 않습니다.

시를 잘 감상하려면 시와의 거리를 좁혀야 합니다. 시와 하나가 되어야 하는 것이지요. 시와 하나가 된다는 것은, 시 속 화자나 상황에 나를 대입하는 겁니다. 마치 내가 쓴 시, 나의 이야기라고 생각하면서 읽어 보면 어떨까요. 시는 '캐는' 것이 아니라 '겪는' 거니까요. 분석이 아닌 경험이어야 한다고 봅니다.

아직도 감이 잡히지 않는다면, 시를 읽어 가면서 머릿속에 이미지를 그려 보는 것도 좋은 감상법이 될 겁니다. 박목월의 시 〈나그네〉입니다.

강나루 건너서
밀밭 길을

구름에 달 가듯이
가는 나그네

길은 외줄기
남도 삼백 리

술 익는 마을마다
타는 저녁놀

구름에 달 가듯이
가는 나그네

작품 감상에 서투른 사람은 '강나루'가 무엇을 상징하는지, '구름'과 '달'은 각각 무엇이며 '나그네'는 누구일까를 궁금해하겠지요. 그걸 알아내야 시를 이해할 수 있다고 믿으니까요. 국문학을 공부한 사람이라면, 박목월이 일제 강점기를 겪었다는 사실을 떠올릴지 모르겠습니다. 작가의 생애와 시를 연결해서 '혹시 일제 강점기 지식인의 비애를 담은 것은 아닐까' 하고 추측할 수도 있습니다. 물론 그렇게 해석할 수도 있습니다. 작품을 어떻게 보느냐는 것은 읽는 이의 자유니까요.

하지만 처음부터 이렇게 분석적으로 접근하지 말고 먼저 시를 나지막이 낭송해 보는 건 어떨까요. 뜻은 몰라도, '구름에 달 가듯이'나 '술 익는 마을마다 타는 저녁놀'에서 입에 감기는 말맛을 느낄 수 있을 겁니다.

앞서 말했듯이 시를 읽어 가면서 시가 그리는 모습을 상상해 보는 것도 좋은 감상법입니다. 강나루 건너 밀밭 길을 걷는 나그네가 있습니다. 밀밭 가까이에 마을이 있는 모양입니다. 마을 사람들이 담가 놓은 술이 익어 가는 향이 느껴집니다. 밀밭 뒤쪽으로 노을이 보입니다. 그 풍경 속으로 마치 구름에 달 가듯이 나그네가 걸어갑니다. 영화의 한 장면 같지요. 소리 내 읽으면서 글맛을 느끼고, 평온한 장면을 상상하는 것만으로도 우리는 이 시가 주는 평온함, 아름다움, 정겨움 혹은 외로움에 감응할 수 있습니다.

이렇듯 자기 나름대로 감상할 수 있습니다. 모르는 건 그냥 그대로 두면서요. 지적인 분석 없이도 충분히 문학 작품은 감상할 수 있습니다.

역사는 진실의 기록일까

　역사가는 역사를 객관적으로 기술해야 할까요, 주관적으로 해야 할까요? 대다수는 당연히 객관적으로 해야 한다고 답할 겁니다. 근대 역사학의 아버지로 불리는 독일의 역사학자 랑케도 '있는 그대로의 객관적인 역사'를 주장했지요. 랑케 이전엔 역사학이 독립된 학문으로 인정받지 못했습니다. 신화나 문학 분야에서 임의대로 역사를 기록하고 해석하는 경향이 강했지요.

　랑케는 역사가라면 개인의 생각, 가치관을 최대한 배제한 채 역사를 연구해야 한다고 주장했습니다. 그리고 독실한 기독교인이어서 신은 편애하지 않는다고 믿었습니다. 그래서 역사는 결코 과거에서 현재로 직선적으로 발전할 수 없다고 보았습니다. 만약 시간이 흐를수록 역사가 더 발전하는 거라면, 신이 고대에 살았던 사람은 덜 사랑하고, 근대인은 더 사랑하는 셈이 되니까요. 하지만 신은 불편부당해서 시대마다 타당한 가치와 의미가 있다고 랑케는 생각했습니다. 이런 이유로 현재를 기준으로 과거를 멋대로 재단하고 평가해서는 안 된다고 보았지요. 역사가의 본분 역시 현재의 시각에서 과거를 바라보는 것이 아닌, 철저하게 고대의 눈으로 고대를, 중세의 눈으로 중세를 연구하고, 이를 객관적으로 기술해야 한다고 주장했습니다.

영국의 역사학자 트리벨리언은 역사의 문학적 기능을 강조했습니다. 트리벨리언이 역사에 객관적으로 접근하는 것 자체를 부정한 것은 아닙니다. 다만 역사가의 책무는 역사를 객관적으로 접근하는 것에 그치지 않는다고 보았지요. 역사가는 역사를 객관적으로 분석하는 것을 넘어서 역사를 오늘날에 맞게 심지어 문학적으로 풀어낼 수 있어야 한다고 주장했습니다. 역사를 객관성, 과학성에 가두어 두려는 시도가 역사의 생동성을 잃게 한다고 본 거지요.

한편 크로체 같은 역사학자들은 "모든 역사는 현대사"라고 주장했습니다. 역사를 객관적으로 기술해야 하느냐 주관적으로 해야 하느냐를 넘어서, 과연 역사를 객관적으로 접근하는 것이 가능할까 하는 근본적인 의문을 던진 겁니다. 왜냐하면 역사학을 연구하는 역사학자도 '인간'이기 때문입니다. 인간은 필연적으로 특정한 편견 내지 관점을 지닐 수밖에 없습니다. 역사학자가 인간인 이상 관점을 지우려고 노력해도 완전히 지우기는 어렵습니다. 하나의 관점을 삭제하면, 또 다른 관점이 생길 뿐이지요. 현재의 관점 'A'를 삭제하면 제로(ZERO) 상태가 되는 것이 아니라 관점 '-A'나 'B'가 되는 겁니다. 그래서 역사가는 아무리 노력해도 객관성 그 자체를 확보할 순 없다고 지적합니다.

설령 역사를 객관적으로 기술할 수 있다고 해도 그것이 바람직한 건 아닙니다. 한국사 교과서만 봐도 알 수 있는 일이지요. 한국사는 단순히 한국의 역사를 기술하는 것이 아니라 한국의 관점에서 한국의 역사를 해석한 겁니다. 일례로 임진왜란을 일으킨 일본 도요토미 히데요시는 침략자로 기술하고, 주변 국가를 정벌한 고구려 광개토대왕은 한민족에게 전성기를 가져다준 영웅으로 평가합니다. 이를 두고 역사에서 주관성을 배제해야 하니 도요토미 히데요시가 일으킨 전쟁 역시 긍정적인 면을 평가해야 한다고 해야 할까요?

오늘날엔 역사를 온전히 객관적으로 기술하는 건 어렵다고 보는 시각이 지배적입니다. 그렇다고 해서 역사 사료를 마음대로 조작하고 사실관계를 흐트려도 된다고 생각하는 역사가 역시 없습니다.

이런 현실에서 역사책을 읽을 때 우리가 명심해야 할 점은 아무리 권위 있는 학자가 썼더라도 그 내용을 그대로 믿어서는 안 된다는 겁니다.

왜 역사를 공부해야 할까

수능, 임용고시 등 각종 국가시험에 한국사 과목이 기본으로 포함됐습니다. 스타 역사 강사들이 방송 예능 프로그램에 출연해서 역사 지식을 알리고, 국경일 등이 되면 관련 주제로 강연도 합니다. 역사책이 베스트셀러가 되기도 했습니다.

이처럼 한국사는 이제 청소년을 넘어서 전 국민의 필수 교양이 되고 있습니다. 몇 년 전에 한 연예인이 안중근 의사를 알아보지 못해 여론의 뭇매를 맞은 일이 있었지요. 단지 시민들의 역사 지식이 향상된 것이 아니라 역사의 중요성 내지 필요성을 시민들이 강하게 인식하고 있음을 보여 준 사건이라고 봅니다.

그런데 이런 열기가 반가우면서 한편 아쉽기도 합니다. 역사를 공부하는 목적에 대해선 진지한 고민이 부족한 것 같아서입니다. 사람들은 보통 역사를 두 가지 태도로 대하는 듯합니다. 첫 번째는 '암기' 대상으로 여기는 겁니다. 단순히 역사 지식을 많이 쌓는 것을 역사 공부의 전부인 양 착각하는 듯합니다. 그도 그럴 것이 당장 한국사 시험만 보더라도 고대 석탑의 층계나 책의 저술 연대를 묻는 등 매우 지엽적이고 다소 무의미하기까지 한 문제를 냅니다. 교육을 위해 시험을 치르는 게 아니라 시험을 위해 교육을 하는 전도된 학교 교육의 모습이 여기서도 이어지는 듯합니다. 역사를 암기 대상으로 보면 지엽적인 지식만 훑게 되고 역사의 본질로 나아가진 못합니다.

두 번째 태도는 '추모'의 대상으로 여기는 겁니다. 암기가 단순히 역사적 사건을 인식하는 것이라면, 추모는 한 걸음 더 나아간 행위입니다. 역사적 사건의 의의를 기억하는 거니까요. 전국 곳곳에 세워지고 있는 일본군 '위안부' 피해자 분들을 기리는 소녀상, 강제동원노동자상 건립 등이 대표적인 추모 행위입니다. 〈봉오동 전투〉, 〈암살〉, 〈택시운전사〉, 〈1987〉 등의 역사 영화도 그 연장선에 있고요.

추모는 역사를 암기 대상으로 보는 것보다는 진일보한 태도이지만, 여기서도 한 걸음 더 나아가야 한다고 봅니다. 바로 '계승'의 자세입니다. 정확히는, 창조적 계승입니다. 후세의 역할은 그저 역사적 인물의 생몰년을 암기하고, 기념비를 세우고, 생가를 복원하고, 추모 사업을 하는 데서 그쳐서는 안 된다고 생각합니다. 추모만 한다면 이는 역사의 주체가 아니라 조문객일 뿐이지 않을까요.

그렇다면 '계승'은 무엇일까요? 일례로 지금 우리 사회에 일제 강점기 때와 같은 강제 수탈과 동원은 없는지 성찰하는 겁니다. 강제 동원이라고 해서 그 시절에 준하는 수준만을 문제 삼아서는 안 됩니다. 과거처럼 사람을 강제로 동원해야만, 그만큼의 열악한 환경이어야만 문제 삼는다면, 역사는 줄곧 제자리만 맴돌 겁니다.

그래서 요구되는 것이 '창조적 계승'입니다. 감금당해 강제로 끌려간 것은 아닐지라도 생계 때문에 어쩔 수 없이 열악한 노동 환경에서 일하게 된 이들, 인간답지 못한 대우를 받는 노동자들, 부당하게 해고된 이들의 고통에 공감하고 이러한 현실을 바꾸기 위해 노력하는 것이 창조적 계승이고, 역사의 주체로서 갖추어야 할 종요로운 자세라고 봅니다.

우리가 역사 속 위인을 공부하는 이유가 뭘까요. 그 사람이 언제 태어나 죽었는지 외우기 위해서일까요, 그를 추모하기 위해서일까요. 궁극적으로는 계승을 위해섭니다. 위인은 시대를 앞서간 이들입니다. 그들의 삶을 통해 어떻게 하면 지금에서 한 걸음 더 나아갈 수 있는지 힌트를 얻고 실천해야 합니다.

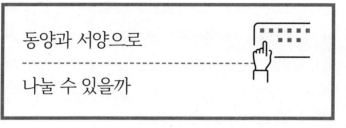

동양과 서양으로 나눌 수 있을까

동양철학과 서양철학에 관해 말하기 전에 저는 동양과 서양이라는 구분을 짚고 넘어가고 싶습니다. 이 이분법은 문화의 차이를 반영하지 못한 지극히 서양 중심적인 사고라고 생각합니다.

동양을 나눠서 근동(近東), 중동(中東), 극동(極東)이라 부르는 걸 한번쯤 들어 보셨을 겁니다. 한자를 풀이해 보면 근동은 가까운 동양, 극동은 지극히 먼 동양, 중동은 근동과 극동 사이의 동양을 뜻합니다. 그런데 이 거리의 기준이 어디일까요. 바로 유럽입니다. 유럽에서 가까운 동양이 근동이고 터키, 이란 등을 말하지요. 먼 동양이 극동이며 한국, 중국, 일본 등을 가리킵니다.

그런데 터키·이란·사우디아라비아 등 이슬람권과 한·중·일 한자 문화권을 동양이라고 묶을 만한 공통점이 있을까요?

오히려 이슬람 문화는 유럽의 기독교 문화와 뿌리가 같습니다. 이슬람권의 인종 역시 유럽에 가깝고요. 따라서 동양과 서양이라는 이분법은 문화, 인종 등의 공통점을 기준으로 만든 것이 아니라, 단순히 유럽을 우선 서양으로 설정하고, 나머지를 비유럽으로 묶은 것에 불과해 보입니다.

따라서 동양철학과 서양철학이란 명칭은 올바르지 않으며, 엄밀하게는 사용하지 않는 것이 바람직하다고 저는 생각합니다. 그 대신에 동아시아철학, 인도철학, 구미철학, 아랍철학 등 각 지역을 드러내는 용어가 더 적절하지 않을까요. 하지만 동양철학, 서양철학이라는 용어가 학문적으로 또 일반적으로 굳어져 있어 이 책에서는 부득이 기존의 용어와 구분을 따를 수밖에 없겠습니다.

철학의 기준이 다르다

동양철학과 서양철학은 다릅니다. 특히 철학의 탁월성을 판단하는 기준이 다릅니다. 동양철학에선 사상의 실천 여부를 중시합니다. 한 사상이 타당한 것으로 인정받으려면 그 사상이 현실에 어떤 기여를 할 수 있는지, 실천 가능한지를 증명해야 한다는 것이죠. 반면 서양철학에선 논리가 얼마나 탄탄한지를 주로 봅니다. 한 사상이 논증 가능하고 논리적으로 결점이 없다면 타당한 것으로 인정하지요.

그래서 동양철학은 현실적이고 정치학, 윤리학과 매우 밀접합니다. 일례로, 실천 여부를 중시해 마음을 다스려 높은 인격에 이르는 마음수양 방법론을 발달시켰습니다. 반면 서양철학은 이론이 논리적이고 분석적인 점이 특징입니다. 끊임없이 새 이론을 탐구한다는 점에서 창의적이고요. 그러나 이론에 집중하다 보니 현실과 괴리되는 경향도 있습니다.

또 동양철학과 서양철학은 시간의 변화를 받아들이는 태도에서 근본적으로 다릅니다. 동양철학에서 세계란 '흘러가는 시간', '변하는 세상'입니다. 흘러가는 것, 변화하는 것을 당연시합니다. 오히려 '고인 물은 썩는다'고 생각하지요. 반면 서양철학은 변화에 맞서려고 합니다. 변화 속에서 변하지 않는 불변의 무언가를 찾으려 시도합니다.

일례로 '실체'라는 단어를 보지요. 신과 인간 중 무엇이 실체일까요? 신실한 종교 신자가 아닌 이상 대부분 사람은 인간이 실체라고 답하지 않을까요. 우리는 상상이나 허구 속의 것이 아닌, 실제로 눈으로 보고 손으로 만질 수 있으며 이 현실에 존재하는 것을 실체라고 생각합니다.

그런데 주류 서양철학에서 실체는 오히려 신, 이데아입니다. 서양철학이 생각하는 실체는 어떤 다른 무엇을 필요로 하지 않고 스스로 존재하며 불변하는 것이죠. 그래서 인간을 비롯한 유한한 존재는 실체일 수 없다는 겁니다. 유한함 너머 불변한 채로 그 자리를 지키고 있는 무언가가 있음을 믿고, 그것이야말로 실체라고 생각하는 관념이 플라톤에서 데카르트로 이어졌다고 봅니다.

서로 영향을 주고받는 흐름

그런데 동양철학의 기본 사유에서는 이런 불변하는 세계관을 보기 힘듭니다. 동양철학은 무척 현실적이죠. 공자가 서양철학의 세계관을 접한다면, 말도 안 되는 소리라고 비판할지 모르겠습니다. 그런데 이렇듯 비현실적이고 불가능한 것으로 보이는, 영원한 실체를 향한 탐구가 아이러니하게도 서구의 수학과 과학을 발전시키는 동력이 되었다는 점이 재미있습니다. 불변의 가능성을 수에서 찾으면서 수학이 발전했고, 세계의 근본 원리와 법칙, 우주 저편의 실체를 알려는 노력이 화학, 물리학, 천문학 등 과학의 발전을 가져왔으니까요.

지금까지 동양철학과 서양철학의 차이를 살펴보았습니다. 저는 동서양으로 철학을 나누는 건 무리한 시도라고 생각합니다. 동양에도 서양적 사유가 있고, 서양에도 동양적 사유가 존재하니까요. 그래선지 요즘은 둘 사이를 오가는 게 추세입니다. 현대 서양철학은 과거 사유의 문제점들을 극복하려고 시도 중인데 동양철학에서 그 실마리를 찾으려 합니다. 반대로 동양철

학은 서양철학의 방법론을 이용해서 동양철학을 다시 분석하
고 구조화하려 하고요.

동양철학은 철학이 아닌가?

　우리나라 철학과에서는 보통 동양철학과 서양철학을 반반씩 배웁니다. 중국이나 일본 대학의 철학과 교육 과정도 비슷한 걸로 알고 있습니다. 반면 유럽과 미국 대학교 철학과에서는 하와이대학교 정도를 제외하고는 동양철학은 거의 배우지 않는다고 합니다. 그나마 인도철학 과목이 한두 개 있는 정도라고 하네요. 구미에서 동양철학은 철학과가 아닌 동아시아학과에서 배울 수 있다고 합니다. 동양과 서양이 서로의 철학을 어떻게 생각하는지 보여 주는 단적인 예가 아닐까 싶습니다.

　서양인은 물론 서양철학 전공자 중에서도 동양철학을 폄하하는 사람들이 소수지만 있습니다. 심지어 동양철학에는 철학이란 이름을 붙일 수 없다고 주장하는 학자도 있습니다. 동양보다 서양철학에서 논리적 사고가 발달한 것은 사실입니다. 또 동양철학과 서양철학은 '철학'이라는 하나의 이름으로 묶기에는 많이 다르긴 합니다. 하지만 그렇다고 해서 동양철학을 철학이라 칭할 수 없다는 주장은 지나친 서양 중심적인 사고가 아닐까요.

19세기에 등장한 철학이란 말

동양철학이 철학인가 하는 질문에 명확히 답하려면 '철학'의 어원을 살펴봐야 할 것 같습니다. 동양에서 철학이라는 단어는 불과 19세기에 생겼습니다. 일본에 서양철학이 수입되면서 'philosophy'를 번역할 적절한 언어가 필요했고, 일본인 학자 니시 아마네(1829~1897년)가 중국 송나라의 유학자 주돈이의 책 《통서》에 나오는 "성인은 하늘 같기를 갈구하고, 현자는 성인됨을 갈구하고, 선비는 지혜로움을 갈구한다(聖希天 賢希聖 士希賢)"는 문장에서 "지혜로움을 갈구한다"는 뜻의 희현(希賢)을 취해 'philosophy'를 '희현학'으로 옮겼습니다. philosophy의 뜻이 '지혜를 사랑함'인 데에서 착안한 것이지요. 그러던 것을 유학의 색채가 짙은 '현(賢)' 대신에 비슷한 의미의 '철(哲)'을 넣어서 '희철학'이라 했고, 이후 최종적으로 '희' 자를 빼서 지금의 철학이 되었습니다.

원래 동양에서는 유교, 불교, 도교의 사상을 한 글자로

'도(道)'나 '학(學)' 혹은 '도학(道學)'이라 칭했습니다. 그런데 도학이란 말을 놔둔 채 철학이라는 신조어를 만든 이유는 도학이 곧 동양 사상을 뜻했기 때문이지요. 동양 사상과는 확연히 다른 서양 사상을 지칭할 새로운 단어가 필요했던 겁니다. 그러다 점차 서구화되면서 도학이란 단어가 사장되어 동양 사상 또한 철학으로 부르게 된 거지요. 만일 근대 역사가 서세동점이 아닌, 동양이 패권을 잡는 동세서점이었다면, 거꾸로 서양이 기존의 philosophy를 버리고서 동양의 도학에 대응하는 새 단어를 만들어 썼을지 모르겠습니다.

philosophy와 철학

이렇게 보면 철학은 크게 'philosophy'와 '철학'으로 구분할 수 있겠습니다. philosophy는 서양 언어로서, 동양 언어인 도학과 쌍을 이루는 개념입니다. 이때는 서양 사상만을 가리키지요. 철학은 처음에는 philosophy에 대응하는 번역어로 탄생했지만 도학이라는 단어가 소멸된 오늘날 philosophy와 도학을 모두 포괄한 개념이 되었습니다.

이제 질문으로 돌아가 보겠습니다. 동양 사상은 철학이 아닐까요? 철학입니다. 다만 philosophy가 아닐 뿐이지요. philosophy가 서양에서 탄생한 서양 사상을 가리키는 말이니, 동양 사상이

philosophy가 아닌 것은 당연하다고 봅니다. 마찬가지로 서양 사상 역시 도학은 아니지요.

	서양 사상	동양 사상
19세기 이전	philosophy	도학
현대	철학	

그런데 일부 서양 사대주의자들은 이렇듯 단순하게 동서 사상을 분리하는 데서 그치지 않고 분리를 넘어 우열을 확인하고자 하지요. '동양 사상은 서양 사상과 달라 philosophy가 아니다'는 명제를 은근슬쩍 '동양 사상이 philosophy의 요건을 충족하지 못하기 때문에 철학이 아니다'로 바꿔 버린 거지요. 동양 사상과 서양 사상이 다르다는 사실을 동양 사상이 서양 사상의 요건을 충족하지 못한다는 문장으로 교묘하게 바꿔 버린 겁니다. 그래서 서양 사상이 도학이 아니듯이 동양 사상이 philosophy가 아니라는 단순한 사실을 '동양 사상은 철학이 될 수 없다'로 비약해 평가절하합니다.

동양 사상이 철학이 아니라는 주장은, 마치 미국은 의회가 양원제인 반면 한국은 단원제인 사실을 두고서 '한국과 미국은 의회 체제가 다르다'고 말하지 않고 '한국은 양원제의 요건을 충족하지 못하므로 의회민주주의 국가가 아니다'고 선언하는 것과 같습니다. 한국과 미국은 다른 것이지 누가 틀린 것이 아

닌데 말입니다. 마찬가지로 동양 사상과 서양 사상은 다른 것
이지 누가 틀린 것은 아닙니다.

4부

인문학이라는 산에 오르는 8가지 방법

문제의식이 출발선이다

학창 시절이 생각납니다. 첫 수업 시간이 되면 선생님들이 그 과목을 어떻게 공부하면 좋을지 알려 주셨지요. 영어는 어떻게 공부하면 좋고 수학은 어떻게 하라고 말씀하신 것들을 귀담 아 들었던 일이 떠오릅니다. 무조건 달달 외우라거나 특정 책들을 너덜거릴 때까지 읽으라고 한 분들도 있지만 그 과목에 맞는 적절한 공부법을 알려 주신 선생님들도 있었습니다.

인문학 공부도 마찬가지입니다. 적절한 공부법을 찾는 게 중요합니다. 말랑말랑한 책에서 인문서로 넘어가 볼까 하고 마음먹은 사람들에게 무턱대고 고전을 내밀면 지레 겁을 먹고 포기할 수 있습니다. 흥미만 잃게 할 수 있습니다. 이 장에서는 독서법을 비롯해 인문학을 공부하는 데 도움이 될 만한 공부법을 소개하고자 합니다.

나만의 기준을 따를 것

인문학 공부는 무엇을 어떻게 시작하느냐가 중요하다고 생각합니다. 입문자가 가장 어려워하는 지점이기도 하지요. 입문자들은 인문학 책들이 이미 나와 있고 곳곳에서 인문학 강연도 많이 열리는데 이 중 무엇부터 공부해야 할지 난감해합니다. 흔히 '인문학의 정수는 고전이다'는 말에 속아 곧장 고전에 도전했다가 금세 흥미를 잃고 포기하는 경우도 있습니다. 지인들과 명사가 추천한 책, 유행하는 베스트셀러, 대학교 권장 도서를 따라 읽기도 하고요.

그러나 인문학의 정수가 고전이라는 것일 뿐, 인문학 공부를 고전에서 출발해야 하는 것은 아닙니다. 추천서 역시 참고는 하되 덮어놓고 읽을 필요는 없습니다. 지인이 인상 깊게 읽은 책, 명사가 영향받은 책이 자신에게도 꼭 그런 건 아니니까요. 물론 남들이 감명받은 책이라면 나도 감명받을 가능성이 큽니다. 하지만 꼭 그런 건 아니니 참고만 하면 될 듯합니다.

자기 나름의 기준을 세워 읽을 책을 선택하고 순서를 정하는 게 가장 중요합니다. 즉 자신의 문제의식에서 출발하라는 겁니다. 문제의식이란 자기 삶에서 핵심이 되는 근본 질문입니다. 예를 들어 영화 〈남영동 1985〉는 실존 인물 두 사람을 바탕으로 만든 건데, 고문 가해자인 이근안과 고문 피해자인 김근태 전 장관이지요. 이근안의 문제의식은 공산주의입니다. 그는 반공을 위해서라면 아무리 독재정권이라도 지켜야 한다고 믿었지요. 그래서 정권에 반기를 드는 사람을 모두 '공산당', '간첩'으로 간주해 고문했습니다. 반면 민주화운동가 김근태의 문제의식은 반민주화에 있었습니다. 민주화를 위해 고문 같은 폭력에 굴하지 않고 끝까지 투쟁한 이유입니다. 이처럼 문제의식의 차이가 삶의 방향을 결정합니다.

다른 예도 있습니다. 독립투사이자 정치인인 백범 김구와 몽양 여운형의 청년 시절 문제의식은 식민 상태였습니다. 어떻게 해야 일제로부터 독립할 수 있을까. 둘의 문제의식은 같았지만 해법은 달랐습니다. 김구는 무력항쟁을 선택했고, 여운형은 외교적 국제연대를 통해 독립이 가능하리라고 보았습니다. 해방 직후 두 사람은 또 어떤 국가를 만들 것이냐를 놓고 고민합니다. 고민은 같았지만 지향하는 국가 체제는 달랐습니다. 김구는 자유민주주의 국가를, 여운형은 사회민주주의 국가를 꿈꿨습니다. 문제의식은 같아도 그에 대한 답은 서로 달랐기에 비슷하면서도 다른 삶을 살았습니다.

문제의식을 찾고 해결하는 과정

이렇듯 어떤 문제의식을 품느냐에 따라, 또 그 문제의식에 대해 어떤 답을 내리느냐에 따라 인생이 달라집니다. 우선 자신의 문제의식을 분명히 알아야 합니다. 보통은 자신의 성장 배경과 환경에서 문제의식이 생깁니다. 가까운 사람의 죽음을 겪은 사람이라면, 죽음이 문제의식이 될 가능성이 크지요. '왜 사람은 죽어야 할까', '죽음 뒤의 세상이 존재할까', '사랑하는 이를 떠나보낸 후 슬픔을 어떻게 극복할 수 있을까', '죽음은 우리 삶에 어떤 의미가 있을까' 등 계속 자신에게 묻게 될 겁니다. 그 경우 《달라이 라마, 죽음을 말하다》, 《너무 늦기 전에 들어야 할 죽음학 강의》 같은 책을 읽으면 도움이 되겠지요.

문제의식 하면 뭔가 심오한 질문이어야 할 것 같지만 꼭 거창한 것이 아니어도 괜찮습니다. 문제의식이란 말이 어렵다면, 고민이나 흥밋거리라고 생각해도 좋습니다. 사랑, 콤플렉스, 인간관계, 말솜씨 등 모든 것이 문제의식이 될 수 있습니다.

다만 자신의 문제의식을 알아차리는 것이 쉽지 않다는 점이 문제라면 문제이지요. 인문학 공부는 자기 문제의식의 답을 찾아가는 과정인데 그 전에 먼저 자신의 문제의식을 알아야 합니다. 인문학을 공부하다 보면 시작과는 다른 좀 더 깊은 문제의식 혹은 새로운 문제의식이 생겨나기도 합니다. 문제의식이 없거나 약하다고 해서 낙담할 필요는 없습니다. 서점에 가서 책 제목과 목차를 보고 흥미롭고 또 읽을 만하겠다 싶다면 그 책을 사서 읽으면 됩니다. 내면의 문제의식이 싹 틀 계기가 될 수도 있으니까요. 그러니 흥미가 생기는 책에서 시작해도 좋다는 것입니다.

마음 가는 대로 읽어라

공부는 어떻게 시작하면 좋을까요. 어떤 문제의식을 갖고 있느냐, 공부 목적이 무엇이냐에 따라 시작이 달라질 수 있을 겁니다. 특정한 문제의식을 갖고 있는 분이라면 해당 문제의식과 관련된 책부터 읽어 가면 어떨까요. 자연 흥미가 생기고 집중도 더 잘 되겠지요. 사실 인문학은 단순히 책 내용을 이해하는 것을 넘어 질문을 던지고, 자신의 삶을 성찰하고, 상상의 나래를 펴는 것으로 나아가는데 문제의식이 없다면 이 과정이 어려울지도 모르겠습니다.

하지만 꼭 특별한 문제의식이 있어야 하는 건 아닙니다. 지적 호기심에 인문학 책을 뒤적일 수도 있을 겁니다. 그런 분들이라면 끌리고 관심 가는 책에서부터 시작해도 좋습니다. 예를 들어, 전에 장자에 관해 들은 일이 있는데 그 내용이 인상 깊었다면 장자와 관련된 책을 읽는 거지요. 그런데 장자는 노자의 영향을 받은 중국 전국시대의 사상가이니, 장자를 제대로 알려면 먼저 노자에 관해 알아야 하고, 배경이 되는 전국시대의 역사도 알아야 할 겁니다. 중국 고대철학에 대해서도 이해해야 하고요.

자, 이제 어떤 순서로 장자에 관해 알아보는 게 좋을까요? 저라면 먼저 쉬운 《장자》 해설서를 검색해 볼 겁니다. 고전을 알고 싶을 때 해설서를 읽으면 해설자의 시각에 갇히니 원전을 읽으라고 조언하는 분들이 있습니다. 노자, 중국 역사, 고대철학 등 장자를 이해하기 위해 필요한 배경 서적을 먼저 읽어야 한다고 조언하는 분들도 있습니다. 하지만 저만의 경험일 수 있겠지만 그렇게 해서는 아무것도 할 수가 없습니다. 중국 철학 개론서 앞부분 몇 장 읽다 지치고 말 테니까요. 노자, 중국사, 중국 철학을 알아야 장자를 깊이 이해할 수 있는 것은 사실입니다. 하지만 장자 전공자를 꿈꾸는 것이 아닌 한 그럴 필요까지는 없다고 봅니다.

교양 정도로 장자에 대해 알고 싶다면 그런 지난한 과정을 거치지 않고 곧장 장자를 만나는 게 좋다고 생각합니다. 그 방법 중 하나가 쉽게 풀이한 《장자》 해설서를 읽는 겁니다. 제 경우엔 《장자, 사기를 당하다》, 《장자를 읽다》, 《이 아무개의 장자 산책》 등이 잘 맞았습니다. 여러 해설서를 읽은 후 장자에 대한 관심과 이해가 더 깊어지면 원전을 찾아 읽으면 됩니다. 저는 안동림 선생이 번역한 《장자》를 읽었습니다.

《장자》를 더 깊이 알고 싶다면 장자에게 영향을 준 노자에 관한 책들과 전국시대에 관한 역사책들을 찾아 읽으면 되고요. 그러다 보면 어느새 장자와 대립되는 사상가 공자, 맹자에 대해서도 알고 싶어지고, 말년에 노장 사상을 탐구했다는 독일의 현대철학자 하이데거까지 궁금해져 서양 현대철학까지 공부하게 될지 모르겠습니다.

그나저나 왜 해설서, 특히 국내 해설서를 불신하는 것일까요? 그 바탕에도 외국 것이 더 낫다는 사대주의가 자리 잡고 있는 건 아닐까요? 저는 국내 연구자들도 충분히 훌륭한 성과물을 내놓는 시대라고 생각합니다. 해설서를 마냥 배척하기만 하면 해설도 연구도 논문도 무용지물이 되고 말 겁니다. 해설서를 꺼릴 것이 아니라 신뢰할 만한 작가가 쓴 해설서인가를 판단하는 게 더 낫지 않을까요? 판단하는 안목은 본인이 점차 키워야 하지만, 대체로 해당 학문을 전공한 사람이 쓴 책이라면 무난하다고 봅니다. 수년에서 수십 년간 공부한 결과물이 해설서인 저자들도 있으니까요.

다시 말하지만, 꼭 고전 원전을 직접 읽어야 한다는 부담감은 버리셔도 좋습니다. 흥미가 생길 때 읽어도 늦지 않으니까요. 전체를 알아야 부분을 이해할 수 있다는 생각을 일단 내려놓는 게 좋을 것 같습니다. 전체를 몰라도 부분을 이해할 수 있도록 하는 것이 해설서의 역할이니 그런 해설서에 의지해 보시길 권합니다.

　독서에 정해진 순서는 없습니다. 순서 없음이야말로 인문학 공부의 순서이지요. 순서는 자신이 만들어 가면 됩니다. 문제의식이나 흥미로움을 해결해 줄 쉬운 해설서에서 시작하다 보면 언젠가 마음껏 인문학의 바다를 종횡무진 누비는 날이 올 겁니다.

어려운 문장을 만났을 때는
그냥 지나쳐라

완전히 이해할 수 있는 내용만 담긴 책은 많지 않습니다. 난해한 구절과 마주하게 되는 순간이 있게 마련이지요. 그때는 두 가지 길이 있습니다. 하나는, 그냥 지나치는 겁니다. 공부는 가벼운 책에서 점차 깊이 있는 책으로 나아가는 과정입니다. 그런데 단계를 밟아 갈수록 해득이 어려운 문장과 더 자주 마주하게 됩니다. 그때마다 문장에 붙잡힌다면 나아가지 못할 겁니다.

또한 그런 문장을 회피하다 못해 책을 덮게 된다면 항상 고만고만한 수준의 책만 소비하게 될 겁니다. 예를 들어 인문학 깊이가 30인 사람이 있습니다. 책 A는 인문학 깊이가 30이고, B는 50입니다. A 부류의 책이 술술 읽힌다고 해서 그런 책들만 읽으면 발전이 없습니다. 인문학 깊이가 늘 30에 머물게 될 테니까요.

이해하기 어려운 문장이 나오면 저는 과감히 지나쳐도 된다고 말씀드리고 싶습니다. 저자가 무엇을 말하고자 하는지 대략 감이 온다면 일단은 만족하고 넘어가는 겁니다.

책에는 쉽게 읽히는 책이 있는가 하면, 쉽지는 않지만 조금만 정성을 들이면 읽을 수 있는 책이 있고, 도저히 이해가 되지 않는 책도 있습니다. 좀 더 인문학 지식이 깊어지길 바란다면 쉽게 읽히는 책에서 한 걸음 더 나아가야 합니다. 위의 예에서는 B 부류의 책을 읽어 나가는 것이죠.

난해한 구절과 만났을 때 두 번째 대처법은 이해가 될 때까지 읽고 또 읽는 겁니다. 책을 많이 읽었다고 해서 인문학적 소양이 깊어지는 건 아닙니다. 인문학 책이 다양한 것 같아도 줄기는 하나입니다. 그 줄기만 잡으면 낯선 글을 만나도 큰 어려움 없이 이해할 수 있습니다. 반면, 그 줄기를 잡지 못하면 아무리 많은 지식을 쌓아도 그 지식이 체계화되지 못한 채 머릿속에서 갈팡질팡할 뿐입니다.

줄기를 잡는 것을 '문리가 트인다'고 표현합니다. 많은 책을 읽기보다 자신에게 조금 어려운 책을 읽고 또 읽음으로써 문리가 트일 수도 있습니다.

지나치는 것과 끝내 읽어 내는 것, 이 중 어느 것만이 옳다고 말할 수는 없습니다. 각각 장점과 단점이 있으니까요. 이제 막 인문학에 입문한 독자라면 두 방법을 적절히 이용하기를 권합니다. 어느 부분은 그냥 지나치고 어느 부분은 조금 더 공을 들여 끝내 이해하고 넘어가는 겁니다. 그러다 보면 조금 더 향상된 자신과 마주하게 될 겁니다.

한편 난해한 문장 중에는 내가 이해하지 못해서라기보다 잘 쓰이지 못해 그런 경우도 있다는 점은 알아 두면 좋겠습니다. 내용이 깊어 난해한 문장이 있는가 하면, 내용은 정작 평범한데 그 전달 형식이 난삽해서 난해해 보이는 문장도 있다는 겁니다. 이 둘을 혼동해서는 안 됩니다. 전자는 어쩔 수 없는 어려움이기에 감내해야 할 가치가 있지만, 후자는 나쁜 문장일 뿐이지요. 쉽게 전달할 수 있는 내용을 일부러 멋을 부려 이해하기 어렵게 만든 문장일 수 있습니다.

나의 생각과 다른 책을 읽어라

학창 시절 쓰는 독후감에는 느끼고 깨달은 점 외에 비판도 함께 적어야 높은 점수를 받을 수 있었습니다. 이처럼 비판적 사고, 비판적 독서가 사회적 상식이 돼 가는 듯합니다. 비판적 사고를 권장하는 것에는 동의합니다. 관습에 질문을 던지고, 권위에 도전할 때 개인과 사회가 발전할 수 있으니까요.

그런데 비판적 사고의 필요성과는 별개로 이제는 실천적인 차원에서 이를 진지하게 고민해 봐야 할 때가 됐다고 생각합니다. 우리 사회에서 유행 아닌 유행이 돼 버린 비판적인 사고가 오히려 실질적인 비판적 사고를 가로막고 있기 때문입니다.

비판적 사고를 유행 아닌 유행이라고 한 이유는, 비판적인 사고를 수용할 환경은 전혀 마련돼 있지 않은데 한낱 구호로서만 '비판적 사고'가 소비되고 있다고 여겨지기 때문입니다. 비판적 사고를 훈련하는 교육이 되어야 한다고, 비판적 사고에 능한 인재를 길러 내야 한다고 국가는 주창하지만, 정작 현실에선 적용이 어렵다는 걸 알 수 있습니다. 간단한 예로 직장 상사나 어른에게 비판적인 의견을 냈다고 상상해 보십시오. 해고되거나 크게 꾸짖음을 당할 겁니다. 타자를 비판할 수 있는 능력과 더불어 타자의 비판을 기꺼이 수용할 수 있는 능력도 함께 키워야 하는데, 우리 사회에는 아직 후자가 부족합니다.

내가 바뀌어야 사고법이 바뀐다

비판적 사고가 유행이어서 책을 읽을 때도 적용됩니다. 저자의 생각과 해설에 끌려가지 말고 자기중심을 잡고서 비판적인 시각으로 독해해야 한다는 것입니다. 문제는, 비판적 독서가 궁극적으로는 옳고, 당연히 비판적인 독법을 지향해야 하지만, 이것이 자칫 자신의 성장을 저해할 수도 있다는 점입니다. 어설픈 비판은 확증편향만 강화할 수 있으니까요.

칸트의 철학을 흔히 코페르니쿠스적 전회라고 합니다. 코페르니쿠스적 전회란, 코페르니쿠스가 종래의 천동설을 뒤집고 지동설을 주장한 것처럼, 기존의 견해와 가치관을 혁명적으로 전환한 것을 이릅니다. 그럼 칸트의 무엇이 그러했다는 것일까요? 바로 인식론입니다. 칸트 이전의 인식론은 인간은 그저 외부의 세계와 사물을 그대로 수용해 인식한다는 것이었습니다. 반면 칸트는 인간에게는 인식 틀이 있어 그것을 통해 바깥의 정보를 받아들인다고 주장했습니다. 쉽게 말하면, 삼각 그릇에 담긴 물은 삼각 모양이 되고, 사각 그릇에 담긴 물은 사각 모양이 되는 것과 같습니다. 이런 칸트의 주장을 구성주의라고 합니다.

비판적 사고 또한 구성주의의 시각에서 사유할 필요가 있습니다. 비판을 할 때는 토대가 있어야 합니다. 토대는 곧 주어인데, 주어가 없다면 비판은 성립하지 못합니다. 'B를 비판한다'는 문장은 상황을 여실히 드러내지 못합니다. 주어가 없기 때문이지요. 'A가 B를 비판한다'고 해야 정확한 정황이 드러납니다. 비판적 독서를 한다는 것 역시 단순히 책을 비판적으로 읽는 것이 아니라 '내가' 책을 비판적으로 읽는 겁니다. 그렇다면 여기에서 '비판적으로'보다 중요한 것은 그 비판을 주재하는 바로 '나' 자신이지요.

비판적인 자세를 유지하는 것도 중요하지만, 비판을 주재할 나를 성장케 하는 것, 나의 틀을 키우고 넓히는 것이 더욱 중요합니다. 나를 키워야 비판의 질도 향상될 테니까요. 자신의 역량이 뛰어나면, 굳이 비판적 사고를 유념하지 않더라도 비판점들이 속속들이 보일 겁니다.

비판은 본인이 지닌 인식의 틀, 가치관, 지식 체계를 결코 벗어나지 못합니다. 자신이 생각하는 것만큼 비판하고, 자신이 아는 것만큼 비판할 수 있습니다. 그런데 무작정 비판적인 독서만 앞세우면, 책을 읽으면서 자신을 성찰하고 변화시켜서 성장하기보다는, 그저 방어적인 자세에서 자신의 기존 틀을 고수하기에 급급해집니다.

책을 읽고 공부하는 일차 목표는 성장입니다. 그러면 아는 내용이고 나와 생각이 일치하는 책보다는 낯선 책, 나와 생각이 다른 책을 읽어야 합니다. 생각이 일치하는 책을 읽으면 그저 반복이지만, 생각이 다른 책을 읽으면 생각이 확장될 수 있으니까요.

낯선 책을 읽으면 책이 제시하는 가치관과 나의 가치관이 부딪칩니다. 그 순간 나의 가치관이 깨지거나 두 가치관이 새로이 종합됩니다. 그때서야 비로소 나는 성장할 수 있습니다. 그런데 처음부터 비판적 자세로 일관해서는 나의 가치관을 깨뜨리기보다는 오히려 이질적인 책의 가치관을 공격하는 데 집중하게 됩니다. 그러면 변화나 발전은 요원하겠지요.

강을 건너기도 전에
뗏목을 버리지 마라

앞서 말했듯이 인문학을 공부할 때 비판적 독서만을 내세워서는 성장이 어렵습니다. 우선 자신의 힘을 길러야 합니다. 저는 어려운 책을 둘로 나눕니다. 이해하기 어려운 책과 납득하기 어려운 책입니다. 이해가 어려운 책은 앞에서 말씀드린 것처럼 의미가 깊거나 글의 형식이 난삽해서 읽기 어려운 경우입니다. 납득이 어려운 것은, 내 가치관과 달라 받아들이기 어렵고 그래서 불편한 책입니다. 납득하기 어려우면 나와 책이 충돌하게 되지요.

그때는 책을 비판하기보다 자신을 설득해야 한다고 생각합니다. 학습된 비판적 독서로 인해 마음의 빗장을 걸어 잠근 채 하는 독서가 닫힌 독서라면, 이는 열린 독서가 되겠지요. 사실 책을 비판하면서 읽는 것은 쉬울 수도 있습니다. 납득하기 어렵고 불쾌한 감정을 일으키는 것은 그대로 내치면 되니까요. 반면 자신을 설득하겠다는 열린 태도로 책에 접근할 때는 마음속에서 치열한 토론이 벌어집니다. 사람은 기존 것을 그대로 고수하려는 경향이 강하기 때문이지요.

그런데도 자신을 설득해야 한다고 마음먹어야 한다고 저는 생각합니다. 그렇게 노력해야 겨우 마음속에서 토론이 일어날 수 있기 때문이지요. 나의 가치관과 책의 가치관이 충돌할 때 과연 무엇이 옳은지 마음속에서 논박이 오갑니다. 그 과정에서 인문학적 사고, 논리력이 크게 성장합니다.

비판적 독서를 금지하라는 건 아닙니다. 비판적 독서의 위험성과 양면성을 지적하는 이유는 다만 독법의 순서를 바로잡고 싶어서입니다. 책을 비판하기 전에 열린 마음으로 책을 받아들여야 합니다.

사상가 박중빈은 공부하는 이가 갖추어야 할 덕목으로 '신뢰, 분발, 의문, 정성[信忿疑誠]' 네 가지를 들었습니다. 신뢰와 의문을 병립하되 의문보다 신뢰를 앞에 두었습니다. 예를 들어 인문학을 신뢰하지 않고는 인문학이 깊어질 수 없습니다. 그렇다고 해서 의문이 없어서도 안 됩니다. 의문은 곧 비판입니다. 신뢰에서 시작하되, 의문의 끈을 놓아서는 안 된다는 말이죠. 신뢰와 의심을 현명하게 함께 가져갈 때에야 비로소 사유의 주체성을 세우고 새것을 창조해 낼 수 있다고 봅니다.

비판보다 먼저 할 일

구도를 위해 왕궁을 떠난 석가모니는 곧장 당대의 저명한 브라만 스승 문하에 들어갑니다. 스승을 누구보다 믿고 따르면서 맹렬히 공부하지요. 석가모니가 수제자에 만족했다면 우리는 지금 석가모니를 기억하지 못할 겁니다. 석가모니는 스승에게 열심히 배워 스승의 사상에 의문도 품을 수 있었습니다. 스승의 장점과 단점을 모두 꿰뚫어 보게 되었지요. 석가모니는 스승의 단점을 비판, 극복해 더 큰 철학을 직조해 냈습니다. 프랑스 철학자 랑시에르 역시 알튀세르의 수제자였지만 이후 스승의 이론을 비판하면서 결별하지요. 그리고 자신만의 독창적인 철학을 만들어 냅니다.

박중빈은 신뢰와 의심을 병립시키되 신뢰를 우선시했습니다. 석가모니와 랑시에르 역시 비판에 앞서 우선 자신을 내맡겼습니다. 그렇기에 제대로 비판할 수 있었고, 크게 성장할 수 있었다고 생각합니다. 강을 건넌 뒤에는 뗏목을 버려도 됩니다. 하지만 강을 건너기도 전에 뗏목을 버리면 강을 건널 수 없다는 사실을 명심해야겠습니다.

오해를 두려워 마라

정치철학자 한나 아렌트의 말 '악의 평범성'은 유명합니다. 아렌트는 예루살렘에서 진행된 2차대전 전범 아이히만의 재판에 참관한 후 《예루살렘의 아이히만》을 썼는데, 이 책의 핵심 주제가 바로 '악의 평범성'이지요.

아이히만은 유대인 대량 학살을 지시한 책임자였습니다. 그런데 재판에서 본 아이히만의 모습은 사람들 예상과 달리 사악한 악마도, 냉혈한도 아니었습니다. 주변에서 흔히 볼 수 있는 지극히 평범한 중년 남성이었지요. 게다가 자신은 단지 칸트의 윤리학을 충실히 따랐을 뿐이라고 변론까지 합니다. 보편적 준칙에 의거해 행동해야 한다는 칸트의 정언명령에 따라 관료로서 국가의 명령을 그저 따랐을 뿐이라는 겁니다.

이를 지켜본 아렌트는, 악(惡)이란 악마나 특정한 성격파탄

자의 전유물이 아니며 지극히 평범한 사람들에게서도 존재할 수 있음을 통찰합니다. 그리고 이것을 '악의 평범성'이라고 표현했지요. 아이히만이 상부의 지시를 그저 아무 생각 없이 따른 평범한 공무원이었던 것처럼, 고민하지도 사유하지도 않는 사람은 누구나 아이히만처럼 거악의 집행자가 될 수 있음을 경고합니다. 실제로 흉악 범죄자의 지인들은 하나같이 그가 평범하고 착한 사람이었다고 회고하지요.

그런데 이후 아렌트는 학자들에게서 거센 비판을 받습니다. 악의 평범성의 전제는 아이히만이 평범한 사람이었다는 것인데, 이는 아렌트의 오해라는 지적이지요. 실제 아이히만은 그저 상부의 지시에 순응하기만 한 사람이 아니었다는 것입니다. 아이히만은 신념이 굳은 적극적인 나치주의자였기 때문이지요. 심지어 유대인 학살을 중지하라는 상관의 명령에 불복하면서까지 학살을 계속했습니다. 아이히만은 처벌을 면하려고 일부러 재판정에서 평범한 관료인 양 위장했던 겁니다. 아렌트는 아이히만을 오해했고 아렌트가 주장한 악의 평범성은 당초에 잘못됐다는 것이 비판의 요지입니다.

그런데 재미있는 사실은, 이 같은 비판이야말로 오히려 아렌트를 오해한 것이라는 점입니다. 아렌트는 아이히만의 거짓말에 속을 만큼 호락호락한 사람이 아니었습니다. 아렌트가 악의 평범성을 통해 말하려던 것은 세간에 알려진 것처럼 '누구나 악마가 될 수 있다'는 식의 주장이 아니었습니다. 아렌트는 '누구나'에 방점을 찍었던 게 아닙니다.

(아이히만은) 너무 터무니없이 멍청한 사람이었습니다. 내가 평
범성이라는 말로 뜻하려던 게 바로 그거예요. 그 사람들 행동
에 심오한 의미는 하나도 없어요. 악마적인 것은 하나도 없다
고요! 남들이 무슨 일을 겪는지 상상하길 꺼리는 단순한 심리
만 있을 뿐입니다.
_《한나 아렌트의 말》

영화나 드라마를 보면 '밉지만 싫지 않은' 악역이 많이 나
옵니다. 그들은 카리스마 있고 자기 나름의 철학도 갖고 있지
요. 나치도 그랬습니다. 나치는 폭력만 내세우는 '무식한' 집단
이 아니었습니다. 니체와 하이데거의 철학 등 당대 최고의 사상
과 이론으로 무장했고, 히틀러는 독재자이기 전에 《나의 투쟁》
을 쓴 투철한 '사상가'였습니다. 그래서 당시 많은 독일인이 진
심으로 나치를 지지하고 그들에게 열광했던 겁니다.
아렌트는 이런 나치를 비웃은 겁니다. 열렬한 나치주의자
이자 고위 관료였던 아이히만의 변론을 들으면서, 나치를 비롯
한 악에는 어떠한 심오한 깊이도 철학도 존재하지 않는다는 것
을 밝히려던 겁니다. 악은 그저 "남들이 무슨 일을 겪는지 상상
하길 꺼리는" 즉 비판적 사유가 결여된 단순한 심리, 멍청함일
뿐이라고 말하고 싶었던 거죠. 즉 아렌트는 평범한 사람 누구

나 악마가 될 수 있기 때문에 성찰하고 사유해야 한다고 주장한 것이 아니라, 악은 그저 '생각 없음', '사유하지 않음'일 뿐이기에 악하지 않으려면 사유해야 한다고 주장한 것입니다.

창조의 계기가 되기도 하는 오해

아렌트 이야기를 꺼낸 이유는 인문학에서 오해와 오답이 갖는 역설적인 순기능을 말하고 싶어서입니다. 아렌트 사례에서 우리는 두 번의 오해를 확인할 수 있습니다. 첫 번째는 지금까지도 많은 사람이 악의 평범성을 '누구나 악마가 될 수 있다'는 뜻으로 '오해'한다는 것이고, 두 번째는 아렌트가 아이히만을 '오해'했다는 학자들의 '오해'입니다. 애초에 아렌트는 아이히만이 평범하다고 생각하지 않았는데 오히려 학자를 포함한 사람들이 아렌트의 주장을 오해한 겁니다.

인문학은 자연과학처럼 정답을 갖고 있지 않습니다. 인문학에서는 이것이 옳다고 해서 저것이 틀린 것이 되지 않습니다. 우리가 '악의 평범성'을 아렌트 의도와 달리 이해했다고 해서 그 말의 의의가 퇴색되는 건 아닙니다. 그 말을 오해했든 제대로 이해했든 그 말은 많은 사람에게 깊은 깨달음을 주고 있으니까요. 설사 학자들의 비판대로 아렌트가 아이히만을 실제로 오해해서 그런 주장을 했더라도 악의 평범성이란 말은 여전히 세상을 설명하는 유효한 개념으로 살아 있습니다. 오해가 새로운 개념과 토론을 낳은 셈이지요.

오해의 사례는 이것 말고도 많습니다. 인문학의 역사에서 많은 거장의 사상이 역설적이게도 기존의 사상을 오해한 데서 출발하기도 했습니다. 기존의 사상을 정확하게 해석하기만 해서는 새것이 나올 수 없는 것인지도 모릅니다. 오해는 오히려 창조의 계기가 될 수도 있습니다.

게다가 애초에 인문학에서는 일말의 오차 없는 정확한 해석, 정답이란 불가능합니다. 신학자이자 고전학자인 슐라이어마허가 무엇을 이해하려는 노력에는 반드시 어느 정도의 오해가 따르게 마련이라고 말한 이유이기도 합니다.

오해와 오답을 두려워하면 정답을 찾는 일도 불가능합니다. 인문학을 공부하기로 마음먹었다면 오해를 두려워하지 말아야겠습니다. 물론 곡해를 해서는 안 되겠지만, 과감히 부딪혀 보는 게 먼저일 것 같습니다. 인문학의 정신은 어쩌면 오답 속에 있을지 모르니까요.

배운 만큼 꼭 써먹어라

실제적인 사람은 학문을 멸시하고, 단순한 사람은 학문을 숭배하며, 슬기로운 사람은 학문을 이용한다.

_《베이컨 수상록》

영국 철학자 베이컨의 말입니다. 여기서 실제적인 사람이란 지극한 현실주의자, 실용주의자를 이릅니다. 그런 사람들은 대체로 지금 당장 돈 버는 것에 관심이 있으니 인문학은 좀 멀리하지 않을까요? 반면 단순하고 고지식한 사람은 인문학을 공부하는 것을 넘어 아예 숭배합니다. 자신의 박사 학위 논문에서 다룬 사상가를 마치 신처럼 섬기는 사람들이 그 예입니다. 그들은 인문학의 충실한 연구자가 되는 것에 만족합니다. 종교 신자는 감히 신을 이용하려 들지 않듯이, 이 부류의 사람들은 인문학을 이용하고 적용할 생각은 품지 않습니다.

하지만 슬기로운 사람은 인문학을 공부해서 써먹습니다. 어떻게 하면 인문학이 내 삶을 가치 있게 가꾸고, 세상을 풍요롭게 바꿀 수 있을지를 고민하고 행동하지요. 그런 사람에게 인문학은 강력한 무기가 됩니다.

알고 실천하고 의심하고

송나라 유학자 정이의 말입니다.

> 요즘 사람은 책 읽는 이치를 모른다. 책을 읽을 때에 책을 읽기 전에도 그 사람이요, 책을 읽은 뒤에도 다만 그 사람이라면, 이는 곧 읽지 않은 것이다.
> _《논어집주》

책을 읽고 공부를 했다면 털끝만큼이라도 변화가 싹터야 합니다. 그렇지 않다면 책을 읽지 않은 것이나 다름없습니다. 명나라 유학자 왕수인 역시 "앎은 행동의 시작이요 행동은 앎의 완성"이라며 앎과 행동의 필연적인 관계를 강조했습니다. 인문학을 공부해서 앎이 생겼다면 그 다음에는 실천을 해야 하는 것이지요. 궁극적으로 인문학 공부란 배움을 실천하는 것까지 포함하니까요.

그런데 명나라 유학자 왕부지는 왕수인의 주장이 틀렸다고 비판합니다. 앎이 행동의 시작이고 행동이 앎의 완성이라는 선언은, 행동을 앎에 종속시킨다는 겁니다. 사실 지금도 많은 사람이 앎과 행함, 인식과 실천의 관계를 왕수인처럼 단순하게 도식화합니다. 행동이 앎에 종속되는 것으로 여기는 겁니다.

하지만 행동은 앎의 완성이 아닙니다. 무엇을 알았다고 해서 그것을 실천하는 것으로 끝난다면, 이는 지식의 노예에 불과하지요. 공부해서 인식한 앎이 만약 틀린 것이라면 어떻게 될까요? 그 사람은 틀린 것을 실천한 셈이 됩니다.

따라서 실천을 통해 단지 앎을 완성시킬 것이 아니라, 실천을 통해 앎을 실증하고 발전시켜야 한다고 왕부지는 주장합니다. 인문학 지식을 내가 직접 실천해 봄으로써 그것이 타당한지, 또 유용한지 검증해 보아야 한다는 겁니다. 틀린 것은 고치고, 부족한 것은 보완해서 앎을 발전시켜 나가야 합니다.

흔히 배운 것을 내 것으로 만들어야 한다고 합니다. 내 것으로 만든다는 것은 달달 암기하라는 뜻이 아닙니다. 암기는 지식을 내 것으로 만드는 게 아니라 거꾸로 내가 지식에 종속되는 것일 뿐이죠. 배운 것을 내 것으로 만든다는 말의 진정한 뜻은 앎을 실천해서 철저히 검증하고 발전시켜 내게 맞게 변용하라는 뜻입니다.

인식을 인식으로 머물게 하지 말아야겠습니다. 인식한 것을 철저히 현실에서 써먹어야겠습니다. 인식은 실천을 낳고 실천은 인식을 보완하니까요. 그 과정에서 우리는 점점 더 진보할 겁니다.

변죽은 과녁이 아니다

얼마 전 읽은 책인데도 알맹이는 다 사라지고 느낌만 남을 때가 있습니다. 분명 인상 깊은 문장도 많고 울림도 큰 책이었는데 말이지요. 이 때문에 책을 읽은 직후 바로 정리하는 분도 많습니다.

정리는 좋은 습관입니다. 책 제목, 저자 등 책에 관한 정보를 기록하고 여기에 책의 줄거리와 기억하고 싶은 문장, 소감까지 더하는 경우도 있습니다. 책을 읽는 시간보다 정리에 더 시간이 드는 최악의 경우만 아니라면 정리를 권합니다.

그런데 가끔 정리에 더 힘을 쏟는, 본말이 전도된 상황을 보이는 분들이 있습니다. 그런 분들은 정리에 지쳐 나중에는 책까지 멀리하게 될 수 있습니다. 독서를 위해 시작한 정리인데, 이내 정리를 위한 독서가 되어 버리는 거지요.

읽는 게 가장 중요한 일

자투리 시간을 잘 활용하는 것도 독서 습관으로 좋습니다. 잠깐의 10분이 적은 시간 같지만, 전체 인생에서는 무척 값진 시간이 될 수 있습니다. 학교 공부를 하거나 일하는 틈틈이 책을 읽는 습관을 들여 보는 것은 어떨까요.

스마트폰을 떠올려 보세요. 부모의 보호를 받는 아이가 아닌 이상 스마트폰을 계획을 세워 쓰는 사람은 아마 거의 없을 겁니다. 출퇴근 시간을 비롯해 틈만 나면 스마트폰을 들여다보게 됩니다. 그 시간의 10퍼센트만 인문학 공부에 할애한다면 우리 삶은 훨씬 윤택해질 겁니다.

이렇게 책 읽는 데도 시간을 내기 어려운 현실에서 책 읽은 후 정리까지 해야 한다고 생각하면 자투리 시간이 나도 책을 읽지 않을 수 있습니다. 가벼운 마음으로 독서에 임할 수 있도록 정리는 최소화해야 한다고 생각합니다.

공책에 읽은 책들을 기록하는 것보다 인스타그램 등 SNS를 이용하는 것이 더 나을지 모릅니다. 그런 곳에 자신만 볼 수 있는 비밀 공간을 만들어 책 표지와 기억하고 싶은 문장을 찍은 사진, 간단한 소감을 올려 놓는 겁니다. 언제, 어디서나 열어볼 수 있으니 더 편하겠지요.

저는 읽은 책을 크게 두 부류로 정리해 놓습니다. 한 번 읽어도 될 책과 여러 번 곁에 두고 읽어야 할 책으로요. 저는 주로 도서관을 애용합니다. 한 번 읽은 걸로 족한 책은 SNS 공간에 간단히 적어 두기만 하고, 여러 번 읽으면 좋을 책은 삽니다. 그러고는 핵심 구절을 밑줄 그어 가며 다시 읽지요. 그러면 나중에는 밑줄 친 문장들만 읽어도 곧장 책의 벼리를 떠올릴 수 있습니다.

물론 정리에 답은 없습니다. 시행착오를 겪으면서 자신에게 맞는 정리 방법을 찾아내면 됩니다.

5부

먼저 나를 찾자

공자 :

원칙에 목매지 마라

● 공자(孔子, BC 551~BC 479년) 중국 춘추전국시대의 철학자. 유학의 시조다. 노나라에서 태어나, 교육과 정치에 힘써 재상의 자리에까지 올랐다. 그러나 줄곧 실권자와 부딪쳐 개혁의 꿈을 펼치지는 못했다. 노나라를 떠나 여러 나라를 주유하면서 철학을 설파하고 제자를 양성하는 데 집중했다. 사후 그의 언행을 모은 《논어》가 편찬됐다. 《논어》에 담긴 공자의 철학은 동아시아의 중추적인 사상으로 자리매김했다.

인문학을 공부하는 이유는 저마다 다를 겁니다. 저는 '나'에서 타인, 세상 등으로 질문을 확장해 갔습니다. 제 물음에 답해 준 이들이 있었기에 가능한 일이었습니다. 여기서는 그분들을 소개하려고 합니다. 인문학사에서 중요한 분들이어서 여러분에게는 인문학사 전반을 훑어보는 시간이 되리라 생각합니다.

첫 번째로 꼽을 분은 공자입니다.

배우고 때에 맞게 실천하면 기쁘지 않겠는가?(學而時習之, 不亦說乎!)

《논어》의 첫 문장입니다. 고전은 첫 문장이 중요한데, 책의 핵심을 담고 있는 경우가 많기 때문이지요. 워낙 유명한 문장이다 보니 오해도 상당합니다. 보통 첫 구의 학이시습지(學而時習之)를 "배우고 때때로 익히니"라고 번역하는데, 시(時)를 '때때로'라고 번역하는 것은 오역이라고 봅니다. '때때로'는 '가끔'이라는 뜻인데, 그러면 배운 것을 가끔 익힌다는 의미가 되니까요. 공자는 배움을 누구보다 사랑하고 실천을 중시한 사람입니다. 그런 공자가 배운 것을 자주도 아니고 가끔 익히라고 말했을 리는 없을 듯합니다.

저는 여기서 시는 '때에 맞게'로 옮겨야 한다고 봅니다. 시는 철학 개념입니다. 유학을 '시(時)의 철학'이라고 할 정도로 공자를 비롯한 유학자들은 '때에 맞게'를 중시했습니다. 특히 공자는 언제 어디서나 완벽하게 적용되는, 그런 진리나 계명을 설정하지 않았습니다. 그런 것 자체가 불가능하다고 생각했으니까요.

가령 '남을 해치지 말라'는 원칙을 생각해 보세요. 타당한 듯 보이지만 언제나 옳은 건 아닙니다. '남을 해치지 말라'는 선을 키울 수는 있지만 악에 맞서는 데는 무척 취약한 말일 수 있습니다. 히틀러나 전두환같이 잔인한 독재자는 어떻게든 끌어내려야 합니다. '남을 해치지 말라'는 원칙을 지키려 평화적인 해결만을 기다린다면, 그사이 무수한 희생자를 낳게 될 테니까요. 그렇다면 이는 평화를 지킨 것이 아니라 오히려 폭력을 방조한 것이 됩니다.

독일 신학자이자 목사인 본회퍼는 '미친 운전사' 비유를 들어 히틀러 암살을 계획했습니다. 기독교인에게 살인은 십계명으로 금지되어 있는 죄입니다. 하지만 그는 미친 운전사가 질주하면서 사람들을 죽이고 다닐 때 기독교인의 의무는 희생자들을 위해 기도하는 것이 아니라 그 운전사를 어떻게든 차에서 끌어내는 것이어야 한다고 주장했습니다.

기독교에서 가장 중요시하는 윤리를 뽑는다면 단연 사랑입니다. 사랑을 실현하기 위해 십계명을 무조건 지키는 사람이 있는가 하면, 사랑을 실현하기 위해 '때'로는 십계명조차 넘어서는 사람이 있습니다. 후자의 사람이 본회퍼이고, 공자라고 생각합니다. 공자는 말했습니다.

> 꼭 해야 한다는 것도 없고, 절대 해선 안 된다는 것도 없다. 오직 의로움[義]을 따를 뿐이다.
>
> _《논어》

의로움이라는 하나의 가치를 굳건하게 지향할 뿐, 의로움을 실현하기 위한 구체적인 의무나 금지 조건을 설정하고 거기에 얽매여선 안 된다는 지적입니다. 의로움은 맹목적으로 그저 몇 가지 규칙을 지킨다고 해서 실현될 수 있는 것이 아니기 때문이지요. 한 가지 규칙을 세우고 그 규칙을 지키고, 다시 한 가지 규칙을 더하고 그 규칙을 따르고…. 이렇게 해서 의로울 세상이라면 진즉 유토피아가 됐을 겁니다.

규칙을 정하는 순간 그것은 굳어 버리는 반면, 세상은 언제나 생생하게 역동합니다. 굳어 버린 것으로 역동하는 것을 어떻게 제어하고 해결할 수 있을까요? 역동하는 것을 이기려면 나 역시 끊임없이 생동해야 합니다. 문제 상황에 능동적으로 대처해야 하니, 그것이 바로 '때에 맞게'입니다.

'때에 맞게' 실천할 것

정해진 규칙을 따르기만 하는 사람의 사고 회로는, 그 규칙이 아무리 위대한 것일지언정 멈춰 있다고 봐야 합니다. 그 속에는 사유가 없으니까요. 반면 하나의 가치를 지향하되 그 가치를 때와 상황에 맞게 능동적으로 발현하고 실천하는 사람은 언제나 깨어 있다고 볼 수 있습니다. 자신이 처한 문제를 정확히 판단하고 해결할 방법을 모색합니다. "배우고 때에 맞게 실천한다"는 구절이 뜻하는 바가 바로 이것 아닐까요.

배우고 공부하되 그 공부에 갇히지 마라. 배운 것을 아무런 사유나 비판 없이 실행하지 마라. 철저하게 사유하고 비판적으로 검증하라. 그리고 현실을 고려해 '때에 맞게' 능동적으로 실천하라. 그런 사람은 주체적으로 공부하고 때에 맞게 실천하여 자신과 세상을 바꾸니 행복합니다.

자공이 물었다. "가난하지만 비굴하지 않고, 부유하지만 교만하지 않는다면 어떻습니까?" 공자가 말했다. "좋다. 그러나 가난하면서 즐거움을 알고, 부유하면서 이치를 사랑하는 사람만은 못하다."

역시 《논어》의 한 구절입니다. 가난함과 부유함을 재산의 적고 많음에 한정할 필요는 없습니다. 권력과 능력이 있고 없음이 될 수도 있고, 타인에게서 인정받지 못함과 인정받음이 될 수도 있습니다. 가난함과 부유함, 크고 작음이나 많고 적음은 모두 상대적인 개념이지요. 임의로 한 기준점을 두고서 그것에 못 미치면 가난함, 넘치면 부유함이 됩니다. 따라서 세상의 모든 사람은 가난하거나 부유하거나 둘 중 하나에 해당한다고 말하는 것도 가능하겠지요.

공자의 제자 자공은 가난하나 비굴하지 않은 사람, 부유하나 교만하지 않은 사람을 가정한 후 그 평가를 묻습니다. 부자 앞에서 기죽지 않기, 권력자 앞에서 비굴하지 않기, 능력이 뛰어난 사람한테서 열등감을 느끼지 않기란 결코 쉬운 일이 아닙니다. 대체로 기죽고, 비굴해지고, 열등감을 느낍니다. 이런 상태를 자각할 때 자신이 더 초라해 보여 미워지기까지 하고요. 이러한 감정을 극복한 사람이 있다면 당연히 존경할 만합니다. 거꾸로 부유하면서 교만하지 않은 사람 역시 그렇습니다.

그런데 공자는 그것으로 만족하지 않습니다. 물론 그것도 대단하지만, 가난하면서 즐거울 수 있는 사람, 부유하면서도 이치와 도리를 좋아하는 사람만은 못하다는 겁니다. 단지 누가 낫다 높다 순위 놀이를 하지 않습니다.

긍정 화법의 의미

문답 속 공자의 어법에 담긴 공자의 철학에 주목해야 합니다. 자공의 어법은 부정형이지요. 자공이 제시한 사람은 금지를 지킨 이들입니다. '비굴하지 않음', '교만하지 않음'이니까요. 반면 공자의 어법은 긍정 형식입니다. '즐거워함', '이치를 사랑함'입니다.

여기에서도 공자 철학의 긍정성, 생동성이 드러납니다. 많은 사람이 공자를 딱딱한 사람, '이것도 안 된다. 저것도 안 된다'고 해 대는 '꼰대' 같은 사람이란 편견을 갖고 있는데, 공자는 결코 그런 사람이 아니었습니다. 공자는 기본적으로 '하지 마라'는 식의 도덕적 금기를 규정하고 지키는 삶을 좋아하지 않았습니다. 도덕적 금기를 아예 배제한 것은 아니지만 궁극적으로 늘 그 너머의 능동성과 생동성을 지향했습니다. '불행하지 않은 삶'과 '행복한 삶', '악을 미워하는 것'과 '선을 지향하는 것'은 천양지차입니다.

금기와 규칙을 정해 놓고 그것을 따르는 삶은 너무 따분하지 않을까요. 그보다는 스스로의 가치와 꿈을 좇는 삶을 공자는 바랐을 겁니다. 그래서 자신이 어떤 상황에 처했든지 그 상황에 주어진 도덕, 법규를 따르면서 그저 하루하루를 살아 내는 것으로 인생을 허비하지 말라고 조언합니다. 그보다는 자기 삶을 즐기고 자신이 꿈꾼 이상을 사랑하고 펼치기를 제자에게 그리고 우리에게 당부합니다.

지눌 :

상처와 마주 앉기

● 지눌(知訥, 1158~1210년) 고려 시대의 승려이자 철학자. 호는 목우자. 7세에 출가해 24세에 승과에 급제했다. 선종 중심의 선교 일치를 주장했다. 정혜결 사운동을 벌여 불교를 개혁, 중흥하고자 했다. 나라의 스승 국사(國師)에 추증 됐다. 한국 선불교의 이론적 기초를 마련한 승려로 평가받는다.

땅에서 넘어진 자는 땅을 짚고 일어나야 한다. 땅을 떠나서는 일어날 수 없다. 한 마음을 미혹해서 끝없는 번뇌를 일으키는 자는 중생이요, 한 마음을 깨달아서 끝없는 진리의 힘을 일으 키는 자는 부처다. 비록 미혹함과 깨달음은 다르지만, 핵심은 모두 한 마음에 달린 것이니, 그러므로 마음을 떠나서는 부처 가 될 수 없다.

《권수정혜결사문》은 일종의 선언문입니다. 지눌은 뜻을 함 께하는 스님 열 명과 세속의 이익과 명예를 떠나 오직 선정과 지혜를 닦으리라 결의하면서 이 글을 지었다고 합니다.

땅에서 넘어진 사람은 땅을 짚고 일어날 수밖에 없습니다.

땅 때문에 넘어졌다고 해서, 땅이 싫다고 해서 땅을 짚지 않는 다면 영영 땅을 벗어나지 못할 겁니다. 땅에서 낙담했더라도 다시 땅에서 시작할 수밖에 없습니다. '절이 싫으면 중이 떠나면 그만'이라는 말은 틀렸습니다. 그래서는 절이 바뀌지 않습니다. 불평등하고 불공정한 세상이 싫다면서 세상 너머의 피안만을 바라본다면 이 세상은 바뀔 수 없습니다. 만일 역사 속 인물들이 매번 부조리를 참고 억누른 채 죽음 이후의 천국만을 희망하며 세월을 견뎠다면, 지금도 우리는 여전히 왕조 국가의 백성으로 살고 있을지 모릅니다. 인류의 역사는 세상의 억압, 계급, 불평등, 부자유, 부조리 때문에 넘어진 숱한 사람이 다시 짚고 일어나려 애쓴 투쟁의 역사에 다름 아니지요.

꼭 거시적으로 볼 필요도 없습니다. 개인의 삶도 마찬가지니까요. 누구나 패배한 경험, 쓰라린 상처를 안고 살아갑니다. 아픈 경험과 그때 느낀 감정의 상처는 단지 과거에 멈추어 있지 않지요. 현재로까지 이어져 괴롭힙니다. 그 상처들을 끝까지 덮어 둘 수는 없는 거지요. 언젠가는 직면할 수밖에 없게 됩니다.

기억은 결코 온전할 수 없습니다. 반드시 왜곡됩니다. 상처의 기억이라면 더욱 그렇습니다. 왜곡된 그 기억이 지금의 나를 더욱 불안하게 하고 죄책감, 분노에 휩싸이게 할 수 있습니다. 그러므로 그때로 되돌아가 정면으로 봐야 합니다. 그러면서 당시의 나를 진심으로 이해하고 토닥여야 합니다. 기억과 감정을 재구조화하는 작업을 해낼 수 있다면, 과거의 상처가 더는 지금의 나를 붙들지 못하리라 생각합니다. 이 역시, 땅에서 넘어졌지만 다시 땅을 짚고 일어나는 과정이라고 볼 수 있습니다.

모든 것은 내 마음으로부터

지눌은 특히 마음에 관해 얘기합니다. 부처와 중생의 차이는 한 끗입니다. 마음을 깨달으면 부처요, 마음이 미혹되면 중생이지요. 불교에서 부처는 타고난 절대자가 아닙니다. 뭇 생명은 부처가 될 수 있는 가능성의 씨앗, 즉 불성(佛性)을 간직하고 있습니다. 다만 때가 잔뜩 낀 거울로는 본래의 모습을 바라볼 수 없듯이, 마음이 흐려져 불성이 제대로 드러나지 못할 뿐이지요. 이런 상태를 모르거나 알지만 때를 벗겨 내려 노력하지 않고 방치하는 존재가 중생인 겁니다. 반면 이것을 깨닫고 수행하면 부처가 됩니다.

미혹한 중생은 끝없는 번뇌에 괴롭습니다. 나를 갉아먹는 욕심이 들끓습니다. 욕심은 바닷물 같아서 마실수록 갈증만 일으킬 뿐입니다. 결국엔 자멸에 이르게 하고요. 반면 부처는 마음의 불성을 깨달음으로써 끝없는 진리의 힘을 일으킵니다. 진리의 힘은 신통력이나 초능력 같은 것이 아닙니다. 진리의 힘이란, 진리를 추구하고 실현하는 통찰력과 추진력이지요. 본인 마음을 다스리지 못하는 사람은 타인에게 진리를 전달하고 세상에 진리를 구현할 수 없습니다. 진리의 전달자가 되려면 먼저 본인이 진리의 실현자가 되어야 합니다. 차별 없는 사회를 바란다면 나부터 차별하지 않는 사람이 되어야 하고, 공정한 사회를 원한다면 내 속의 불공정함을 먼저 버려야 합니다.

나의 마음에서부터 시작해야 한다는 것이죠. 그래서 마음을 떠나서는 부처가 될 수 없다는 겁니다.

삼가 바라건대, 선종이나 교종, 유교나 도교이거나 세상의 티끌을 미워하는 뜻 높은 사람으로서, 티끌 같은 세상에서 벗어나 바깥을 노닐면서 내면의 수행에 오롯이 힘쓰고 또한 이 뜻에 부합한다면 비록 지난날 계를 맺은 인연은 없더라도 이 결사문 뒤에 그 이름 쓰기를 허락한다. 비록 한자리에 모여 수행하지는 못하더라도 항상 생각을 거두어 잡아 비추어 보기를 힘써서 바른 인연을 함께 닦으면 그것이 곧 다음과 같은 경전의 말씀을 이룸이 될 것이다. "광란의 마음 쉰 자리가 바로 깨달은 마음이다. 그러므로 청정하고 밝은 진리의 성품은 바깥으로부터 얻어지는 것이 아니다." 또 "한 생각 청정한 마음이 바로 청정 도량이다. 그러므로 그것은 갠지스강의 모래알 수와 같은 칠보의 탑을 짓는 것보다 그 공덕이 뛰어나다. 보배로 된 탑은 마침내 부서져 티끌이 되지만, 한 생각 청정한 마음은 바른 깨달음을 이룬다." 그러므로 알라. 잠시라도 생각을 거두어 잡은 깨달음의 씨앗은 어떤 재난에 휩싸이더라도 그 행동의 결과는 흔들림 없이 평안하다. 따라서 이것은 특별하게 마음을 닦는 사람만이 이익을 성취하는 것이 아니다.

《권수정혜결사문》은 이렇게 끝을 맺습니다. 종파나 종교, 이념이 달라도 무방합니다. 함께 공부하고 수행한 인연이 없는 낯선 이라도, 결사문의 뜻에 함께한다면 동지요 도반이니, 결사문에 연명하는 것을 허한다고 합니다. 세상의 잘못에 문제의식을 느끼는 사람, 그래서 세상의 바깥에서 세상을 사유하고자 하는 사람, 세상의 잘못을 바꾸기 위해 먼저 자신을 바꿀 용기를 가진 사람, 그런 이들이라면 지금 우리도 지눌의 도반이 될 수 있는 것이지요.

우리가 지금 이 순간 바른 생각, 청정한 마음을 이룰 수 있다면, 그 힘은 실로 무한해집니다. 화려한 많은 탑을 짓고 성찬을 차려 신과 선각자에게 제사를 지내고 그들을 찬양한들 내 한 마음을 돌이켜 깨끗이 하는 것에 비할 수는 없습니다. 언젠가 탑은 허물어져 먼지로 흩날리지만, 나의 이 청정하고 당당한 마음의 결과는 결코 사라지지 않으니까요. 특별히 수행에 전념하는 자가 아니라도 누구나 자기 마음을 닦으면 진리의 힘을 얻을 수 있고, 그 힘은 뭇 생명에게 미쳐 이롭게 할 수 있습니다.

칸트 :
살아가는 것도 '의무'다

● 칸트(Kant, 1724~1804년) 독일의 근대철학자. 내면의 도덕적 순결을 중시하는 기독교 경건주의를 엄수하는 집안에서 태어났다. 고향에 있는 모교에서 대학교수로 있으면서 《순수이성비판》, 《실천이성비판》 등을 썼고 연구에 전념했다. "칸트 이전의 모든 철학이 칸트로 모여 들었고, 칸트 이후의 모든 철학이 칸트에게서 흘러나왔다"고 평가받을 정도로 서양철학사에 지대한 영향을 끼쳤다.

자신의 생명을 보존하는 것은 의무다. 게다가 모든 사람은 생명 보전에 대한 직접적인 경향성을 가지고 있다. 생명을 보존하기 위해 대부분의 사람은 불안해하기도 하고 조심스럽게 행동하기도 하지만, 이러한 일 자체는 진정한 가치를 가지는 것이 아니며, 이때의 준칙 역시 도덕적 중요성을 갖지 않는다. 생명 보존을 위한 그들의 행동이 비록 의무에 적합하기는 하지만 의무에서 유래한 것은 아니기 때문이다. 이제 우리는 여러 가지 불행과 절망 때문에 삶에 대한 흥미를 완전히 잃어버린 한 사람을 생각해 보자. 만일 그가 그 일로 인해 비겁함이나 침울함에 빠지는 대신 마음을 강하게 먹고 자기의 운명을 극복하려 하고, 비록 목숨을 끊고 싶지만 그럼에도 자기 생명을 보존하려 한다면, 더욱이 만일 그가 생명에 대한 애착이나 경향성 또는 공포 때문이 아니라 그것이 의무라고 생각하여 자신의 생명을 지킨다면, 그의 이러한 준칙이야말로 도덕적 가치를 지닌다.

칸트의《도덕형이상학 원론》내용입니다. 칸트의 윤리학은 동기론입니다. 칸트는 선악 판단의 기준을 행동의 결과가 아닌 동기에 두었습니다. 얼떨결에 혹은 다른 뜻에서 저지른 행동이 아무리 선한 결과를 낳았다고 해도 칸트는 그것을 궁극적으로 선한 것으로 볼 수 없다고 보았습니다. 그렇게 될 경우 선악의 기준이 우연성에 맡겨지기 때문이지요. 행위는 똑같은데 그때그때의 조건과 환경에 따라 어떤 때에는 선한 것이 되고 어떤 때에는 악한 것이 된다면, 선악의 구분이 모호해질뿐더러, 인간이 윤리의 주체가 될 수 없다고 본 거지요. 행동의 결과가 선악을 결정하고 그 결과는 상황에 따라 결정된다면, 윤리의 주체가 결국 행위자인 인간이 아닌 그때그때의 상황이 될 테니까요.

칸트의 윤리학은 더 적확하게는 의무론입니다. 칸트는 행동의 결과가 아닌 동기에 주목했다고 했습니다. 그러나 선한 동기가 곧 선을 담보한다고 보지는 않았습니다. 정확히 말하면, 우리가 생각하는 '선한 동기'와 칸트가 규정한 '선한 동기'의 의미가 다릅니다. 칸트는 동정심, 모정, 부정, 형제애, 효심,

측은지심 등 감정과 경향성에 기인하는 동기가 아닌, 의무에서 비롯되는 동기만이 궁극적으로 선한 가치를 지닌다고 보았습니다.

동정심에서 가난한 사람을 돕고, 효심에서 부모를 봉양하며, 측은한 마음에서 사회 활동에 헌신하는 것은 선한 가치를 지니지 않은 것으로 판단했습니다. 물론 그렇다고 해서 이를 악한 것으로 본 것도 아닙니다. 단지 궁극적인 선의 가치는 아니라고 여겼을 뿐이지요.

감정과 경향성이 선을 보장하지 못하는 이유는 인간의 선의지가 개입된 것이 아니기 때문입니다. 사람은 날 때부터 식욕을 가지고 있습니다. 식욕에 따라 음식을 먹는 것을 누구도 선악의 잣대로 바라보지 않습니다. 그것은 악한 것도 선한 것도 아니니까요. 마찬가지로 따뜻한 마음씨나 측은지심, 효심 또한 식욕처럼 애초에 자신의 의지와 무관하게 타고난 것이니, 선의 근거가 될 수 없다는 주장입니다. 배고파 밥을 먹는 것과, 타인의 고통에 마음이 아파서 돕는 것은 다르지 않다는 겁니다.

"마땅히 해야 할 일"

이런 칸트의 주장에 이렇게 반박해 볼 수 있습니다. 연민을 가지고 있다고 해서 누구나 타인을 돕는 건 아니다. 게다가 유독 연민이 깊고 또 헌신적으로 봉사하는 사람이 존재하지 않는가? 그러면 칸트는 이렇게 답할 것 같습니다. 물론 연민의 크기는 사람마다 다르다. 연민이 유독 깊어 평생 남을 도우면서 사는 사람이 분명 존재한다. 그러나 그것은 사람마다 식욕이 다른 것과 다를 바 없는 현상이다. 식욕이 강한 사람은 음식을 많이 먹는다. 남들보다 연민이 강한 봉사자는 그러한 자기의 강한 경향성을 충족시키기 위해서 남들보다 많이 봉사를 하는 것뿐이다. 게다가 타고난 성향에 따라서 선악이 결정된다면, 필연적으로 어떤 사람은 선을 더 많이 행하고, 어떤 사람은 선을 행하기 어려운 불공평이 초래된다. 불공평은 선이 아니다. 선함만큼은 누구나 공평하게 실현할 수 있는 것이어야 한다.

칸트는 의무에 입각한 동기만이 궁극적으로 선한 것이라고 주장했습니다. 타인의 고통에 마음이 아파서 돕는 것이 아니라, 타인의 고통을 해소해 주는 것이 의무라고 생각해서 도와야 진정 선하다는 겁니다. 의인들이 흔히 "마땅히 해야 할 일을 했을 뿐입니다"고 소감을 밝히듯이 말이지요.

"마땅히 해야 할 일"이 준칙입니다. 준칙이 되려면 언제나 누구에게나 보편적인 것이어야 합니다. '살인하지 마라', '사람을 도구로 삼지 마라' 등이 그 예지요. '선의의 거짓말은 괜찮다' 같은 말은 준칙이 될 수 없습니다. 한두 사람이 아닌, 모든 사람이 선의를 이유로 거짓말을 일삼는다면, 진실과 신뢰 자체가 무너지게 될 테니까요.

고통스럽지만 꿋꿋이 살아가는 사람의 위대함

칸트는 자신의 생명을 보존하는 것 역시 인간이라면 누구나 지켜야 할 준칙이라고 보았습니다. 그런데 생명 보존은 인간이라면 누구나 타고난 경향성이기도 하지요. 그래서 대다수의 사람이 자기의 생명을 보존하기 위해서 살지만 대체로 그것은 선한 가치를 지니지 못합니다. '나의 생명을 소중히 해야 한다'는 의무감에서 유래한 것이 아닌, 그저 살고자 하는 본능에 따른 것이기 때문이지요.

이 때문에 역설적이게도 삶의 희망을 잃고서 살고자 하는 본능조차 놓아 버린 채 낙담한 이들이야말로 선을 실현할 가능성을 지닌 존재가 되는 겁니다. 행복한 사람이 행복하게 사는 건 쉽습니다. 그러나 삶이 고단한데도 마음을 단단히 먹고서 자신의 운명을 극복하려는 사람, 목숨을 끊고 싶을 정도로 극심하게 고통스럽지만 이것을 이겨 내고 꿋꿋이 살아가는 사람 등이야말로 칸트는 선을 실천하는 위대한 존재라고 보았습니다.

삶의 고통이 무엇인지 모른 채 마냥 즐거운 삶은 아무런 가치가 없습니다. 능선이 험할수록 산맥이 아름답듯이, 삶의 굽이굽이에서 괴로움에 부딪히고 그것을 이겨 내 온 삶이야말로 진실로 아름답고 위대합니다. 칸트도 평생 호흡곤란과 가슴을 죄는 극심한 고통을 일으키는 난치병을 앓았습니다. 한때는 삶을 포기할 결심까지 했을 정도라고 합니다. 그렇지만 자신의 삶을 지켜야 한다는 의무감으로 버텼습니다. 그렇게 마음먹자 오히려 신체적 고통이 더는 고통으로 이어지지 못했다고 칸트는 고백한 바 있습니다.

칸트는 말합니다.

생각하면 할수록 더욱 새롭고 더욱 큰 경탄과 외경으로 마음을 채우는 두 가지가 있다. 그것은 내 위의 별이 빛나는 하늘과 내 안의 도덕법칙이다.

_《실천이성비판》

별이 총총히 빛나는 것은 밤하늘이 어둡기 때문입니다. 밤하늘이 칠흑 같을수록 별빛은 더욱 아름답습니다. 마찬가지로 나의 마음속 도덕법칙이 위대한 이유는 삶의 여정이 험난하기 때문이지요. 삶의 여정이 험난할수록 그것을 이겨 내는 나의 삶과 원칙은 더욱 형형하게 빛날 겁니다.

정약용 :
괴로움 속에 즐거움도 있다

● 정약용(丁若鏞, 1762~1836년) 조선 시대의 유학자이자 철학자. 호는 다산. 정
조의 개혁에 동참했다가 정조 사후에 신유박해 때 형제들과 유배됐다. 그가
정말 천주교인이었는지에 대해선 아직도 논란이 있다. 유배 기간에 많은 책을
썼다. 주희와는 다른 입장에서 유학을 해석했다.

괴로움에서 즐거움이 생겨난다. 괴로움은 즐거움의 뿌리다. 즐
거움에서 괴로움이 생겨난다. 즐거움은 괴로움의 씨앗이다. 괴
로움과 즐거움이 서로를 낳는 것은 음과 양, 동과 정이 서로
가 서로의 근원이 되는 것과 같다. 통달한 사람은 그런 이치를
알아, 괴로움과 즐거움이 서로 의존하고 있음을 살피고, 좋아
졌다 나빠졌다 하는 운수를 헤아려 상황에 대응하는 나의 마
음가짐을 항상 보통 사람의 마음과는 반대가 되게끔 한다.
_《여유당전서》

정약용은 괴로움과 즐거움은 서로가 서로를 낳는다고 합
니다. 괴로움이 그치면 즐거움이요, 즐거움이 멈추면 괴로움이

되지요. '사랑하는 사람'의 존재는 즐거움입니다. 그런데 그 사람을 만나지 못하면 괴롭습니다. 애초에 사랑하는 사람, 보고 싶은 사람이 없었다면 만나지 못하는 괴로움은 존재하지 않았을 겁니다. 즐거움이 괴로움을 낳는 경우지요. 한편, 사랑하는 사람도 자주 보면 감정이 식습니다. 즐거움이 계속되면 사람은 그 즐거움을 잊습니다. 한동안 만나지 못해 괴로워하다 만나야 즐거움이 배가 됩니다. 이는 괴로움이 즐거움을 낳는 경우지요.

이런 현상은 괴로움과 즐거움, 행복과 불행의 본질이 상대적이기에 생기는 겁니다. 현대인에게서 스마트폰 없는 생활은 상상하기 힘듭니다. 스마트폰이 없으면 불행해할지도 모릅니다. 만일 괴로움과 즐거움에 절대적인 기준이 있다면, 스마트폰이 발명되기 이전의 인류는 모두 불행했어야 하지요. 물론 그렇지 않습니다. 현대인도 스마트폰이 없으면 처음에는 괴로워하겠지만 이윽고 적응하게 될 겁니다. 이처럼 고락과 행불행의 기준은 철저하게 상대적입니다.

이를 정약용은 음양(陰陽)과 동정(動靜)의 관계에서 도출해 냅니다. 흔히 정약용을 실학자로 규정하지만, 그것은 다소 오해의 소지가 있습니다. 정약용은 기본적으로 공맹의 학문을 숭상하는 유학자입니다. 주희의 학설을 불교와 도가사상에 가깝다며 비판했으나, 사단칠정(四端七情)과 리(理) 등을 논하는 성리학 자체를 부정한 건 아닙니다. 주희와는 다른 맥락에서 성리학을 전개했다고 보아야 하지요.

고통 속에 기쁨이, 기쁨 속에 고통이

특히 정약용은 《주역》 즉 역학에 무척 밝았습니다. 우리나라 태극기의 태극과 건곤감리 괘의 출전이기도 한 《주역》을 영어로 번역하면 'The Book of Changes'입니다. 한마디로 《주역》은 변화에 관한 책이죠. 동아시아 세계관에서는 고정불변한 절대적 존재를 상정하지 않습니다. 《주역》은 음과 양의 관계로 세상의 변화를 해석합니다. 음양은 서로 기대면서 존재합니다. 음 없이는 양이 없고, 양 없이는 음이 없습니다. 동중정(動中靜)과 정중동(靜中動), 움직임 속의 고요함과 고요함 속의 움직임으로 세상은 이루어져 있다고 봅니다.

이러한 주역의 세계관을 익힌 이들은 고락과 행불행의 본질적인 상대성과 상호성을 꿰뚫어 봅니다. 그래서 괴로움과 즐거움에 대처하는 마음가짐이 보통 사람과 반대인 경우가 많습니다. 보통 사람은 괴로운 일이 닥칠 때 무척 고통스러워합니다. 마치 이 괴로움이 끝없이 계속될 것처럼 낙담하지요. 하지만 변화의 이치에 통달한 사람은 괴로울 때 이 괴로움이 곧 즐거움을 가져오리라는 것을 압니다. 이 괴로움 또한 언젠가 지나간다는 사실을 알아 크게 괴로워하지 않습니다. 오히려 괴로움이 가져올 즐거움을 기다립니다.

즐거운 일이 생길 때 보통 사람은 날아갈 듯이 기뻐합니다. 기쁨에 도취된 채 괴로운 일이 생길 수 있다는 사실을 까맣게

잊습니다. 그렇게 무방비 상태에서 괴로움을 맞으니 괴로움이 더욱 큽니다. 높이 올라갈수록 추락의 강도가 세지는 것과 같은 이치이지요. 반면 변화의 이치를 아는 사람은 즐거울 때 즐거움이 영원하지 않음을 생각합니다. 그러므로 다가올 괴로움이 크게 괴롭지 않을 수 있습니다. 이렇듯 변화의 이치를 읽는 사람은 마치 차의 회전 방향을 알기에 멀미를 하지 않는 운전사처럼 이 세상을 살아갑니다.

> 우리 역사를 돌아보면 고구려는 압록강 남쪽으로, 백제는 한강 남쪽으로 도읍을 옮긴 뒤 나라를 잃었다. 이를 거울삼아 경계해야 한다. 경전에서는 "적국으로 인한 외환이 없는 나라는 망한다"고 했고 병법에서는 "죽을 곳에 처한 뒤에라야 살게 된다"고 했다.
> _《여유당전서》

정약용이 분석하기에 고구려는 평양으로, 백제는 부여로 수도를 옮긴 탓에 망했습니다. 고구려의 강력한 적은 북방의 나라였습니다. 백제에게 가장 위협이 되는 국가는 고구려였고요. 고구려와 백제는 각각 적국과 거리가 먼, 더 안전한 곳으로 수도를 옮겼지요. 그런데 오히려 이것이 나라의 멸망을 불러왔다는 겁니다. 외환이 없으면 방심하게 되기 때문이지요. 죽을 곳에 처한 뒤에라야 살게 된다는 말도 같은 뜻입니다. 사람은 위험할 때 비로소 정신을 차린다는 것이죠. 더 엄밀히 말하면, 위험한 상황에 놓여야 정신을 차리는 것이 아니라, 위험을 똑바로 인지할 때 정신을 차린다는 얘깁니다. 고구려가 망한 것도 정확히는, 도읍을 안전한 곳으로 옮겨서가 아니라, 실존하는 위험을 망각해서라는 것이지요.

썩은 동아줄에 매달린 사람

비단 국가나 한 집단에만 해당하는 얘기가 아닙니다. 개인에게도 본보기가 될 만한 사례지요. 석가모니가 먼저 무상·고·무아를 이야기한 것도 인생의 냉정한 현실을 지각하라는 뜻에서였습니다. 석가모니의 비유에 따르면 인생이란, 지상에는 난폭한 코끼리가 날뛰고 지하에는 독사가 들끓는데 그 가운데에서 썩은 동아줄에 매달려 한 방울 떨어지는 꿀을 탐내는 사람과 같습니다. 설령 인생이 이처럼 암울한 것이 아닐지라도 어쩌면 우리는 현실을 똑바로 지각하지 못한 채 한 방울 꿀의 달콤함을 탐내는 사람처럼 살고 있는지 모릅니다.

잠깐의 유희에 이끌려 정말 소중한 것을 잊고 있지는 않은지 돌아봐야겠습니다. 갑작스레 들이닥치는 적국의 침입처럼, 이별과 죽음은 언젠가 우리 삶에 들이닥칩니다. 나는 그저 주어진 현실에 안주하고 있지는 않은가, 찰나의 욕심을 채우느라

진정 이루어야 할 큰 욕망은 버려두고 있지는 않은지 돌아보면
좋겠습니다.

자사 : 신념과 욕구의 투쟁 과정이 인생이다

● 자사(子思, BC 483~BC 402년) 중국 춘추전국시대의 철학자. 공자의 손자다. 노나라에서 태어났고, 노년에는 임금의 스승이 되었다. 사서삼경 중 하나인 《중용》을 집필했다. 유학의 철학적 체계를 잡은 이로 평가받는다.

하늘의 명령을 본성[性]이라 하고, 본성 좇음을 도[道]라 하며, 도 닦음을 교화[敎]라 한다.(天命之謂性 率性之謂道 修道之謂敎)

《중용》의 첫 문장입니다. 동양철학의 핵심인 성(性), 도(道), 교(敎) 세 개념이 꼬리를 물고 이어집니다. 자사는 셋을 단 몇 글자로 정의 내리지요.

성은 인간의 본성입니다. 조선을 지배한 성리학은 본성[性]의 이치[理]를 탐구한 학문이지요. 우리나라 철학사의 대표적인 논쟁인 이기논쟁(사단칠정논쟁)과 호락논쟁(인물성동이논쟁, 18세기 조선 성리학자들 사이에서 사람과 사물의 성품 또는 성질이 서로 같은가 다른가를 두고 일어난 논쟁) 모두 본성에 관한 것이었습니다. 그만큼 본성이란 단어 하나에 깊은 의미와 무수한 담론이 담겨 있는 겁니다.

유학은 본성을 '욕구를 추구하는 마음'과 '신념을 추구하는 마음'으로 나눕니다. 사람은 누구나 이 둘을 지녔습니다. 욕구를 추구하는 마음은 자신과 자신이 속한 집단의 이익과 보존을 우선시하지요. 식욕과 수면욕, 성욕, 권력욕 등이 그 예입니다. 그런데 이런 욕구는 인간이 아닌 다른 동물도 갖고 있습니다. 인간을 규정짓는 인간만의 본성이라 할 수는 없습니다. 따라서 욕구만 추구하며 사는 것은 동물과 다를 바 없습니다.

반면 신념을 추구하는 마음은 앞의 기본적인 욕구를 포기하고서라도 자신이 믿는 가치를 지키고 정의를 이루려는 마음입니다. 욕구보다는 가치를 선택한 수많은 사람을 우리는 기억합니다. 일제 강점기 항일 투사부터 가난하고 병든 사람들을 진심으로 섬기며 사는 현재의 의인들까지 아주 많지요. 그렇게 숭고한 사례까지 들 필요도 없습니다. 우리는 누구나 조금씩은 자신만의 정의와 신념을 좇으며 살고 있습니다. 다만 그 마음의 크고 작음과 실천 여부에서 차이가 있을 뿐이지요.

유학은 본성의 두 마음 중 하나만을 선택하지 않습니다. 결코 욕구를 추구하는 마음을 버리고서 신념을 추구하는 마음만을 키우라고 강요하지 않습니다. 욕구를 추구하는 마음은 위태로워 문제이고, 신념을 추구하는 마음은 미약해서 문제이기 때문이지요. 욕구는 끝이 없습니다. 욕구는 채워지지 않고 다만 커집니다. 욕구만 좇는 삶은 내가 아니라 욕구가 삶의 주인이 되니, 마치 면허증 없는 사람이 모는 자동차처럼 갈팡질팡 위태롭습니다.

신념을 추구하는 마음은 욕구에 비해 크기가 미미할뿐더러 그 자체로는 현실에서 실현할 힘을 갖지 못합니다. 신체 없인 신념도 가치를 발휘할 수 없습니다. 욕구라는 몸이 받쳐 줘야 신념을 추구하는 마음도 설 수 있습니다. 인생은 이 두 마음의 투쟁과 화해의 여정이지요. 유학은 이 둘을 조화롭게 운용하라고 합니다.

본성을 좇는 것이 도

자사는 이러한 본성은 하늘이 우리에게 부여한 것으로, 천명 즉 하늘이 명령한 것이라고 말합니다. 유학에서 하늘은 인격신과는 거리가 멉니다. 진리 그 자체 혹은 내게 진리를 실천할 수 있는 능력을 부여한 선험적 존재를 뜻하지요. 따라서 유학에서 하늘을 섬기는 방식은 제사를 지내거나 기도를 올리는 등의 의식 행위가 주가 되지 않습니다. 하늘을 섬기는 최선의 길은 하늘의 명령을 실천하는 것인데, 자사에 따르면 그 하늘의 명령이 바로 인간의 타고난 본성이지요.

이에 본성을 좇는 것이 도(道)라고 자사는 말합니다. 자사가 살았던 춘추전국시대에는 여러 사상가와 학파가 등장해 백

가쟁명을 펼쳤습니다. 공자에서 자사로 이어지는 유학이 그중 한 산맥을 이루었고, 반대편에는 법가·묵가·도가의 철학이 있었습니다.

그런데 이들 학파를 불문하고 동양철학에서 도는 무척 심오한 개념입니다. 노자에게 도는 도저히 언어로 규정하고 설명할 수 없는 무엇이었고, 자사의 할아버지 공자는 아침에 도를 알 수 있다면 그날 저녁에 죽어도 여한이 없겠다고 탄식할 정도로 도를 열망했습니다.

그런데 그런 도를 자사는 과감하게 '하늘이 인간에게 준 본성을 좇는 것'이라고 규정합니다. 욕구를 좇는 본성과 신념을 좇는 본성을 잘 다스리고 활용해서 하늘의 뜻을 인간의 세상에 구현하는 것이 도라는 것입니다. 명료합니다. 눈에 보이지도 손에 잡히지도 않고 이렇다 저렇다 개념으로 정리할 수도 없는 도에 관한 담론은 당연히 형이상학적일 수밖에 없습니다. 나쁘게 말하면, 뜬구름 잡는 소리일 수밖에 없다는 것이죠.

그런데 이러한 도 담론이 갖는, 현실과 괴리된 측면을 해결하고자 자사는 도를 간명히 정의한 겁니다. 도는 본성을 좇는 것이라고요. 본성을 '탐구'하는 것이 아니라 '좇는 것'이라고 한 점에 주목해야 합니다. 본성을 탐구하는 것을 도라고 하면 본성을 탐구하기 위해 끝없이 또 시간을 허비해야 할지 모릅니다. 그래서 자사는 도는 본성을 좇는 것, 본성을 운용해 실현하는 것이라고 확실히 못 박은 겁니다. 형이상학의 도를 명료하게 규정하고 심지어 실천하는 것이라 했으니, 이제 실천할 일만 남은 겁니다.

도를 닦는 것이 교화[敎]입니다. 자사는 도를 명료하게 규정함으로써 고차원의 형이상학 담론을 현실 세계로 끌어내리는 작업에 성공했습니다. 남은 것은 실천의 문제입니다. 어떻게 도 즉 '본성 좋음'을 닦을 것인가? 닦는다는 말에서 '섬세함'과 '정성'을 느낄 수 있습니다. 단지 하늘의 이치를 따라 행동하면 그만이 아닙니다. 성공해서 실현해야 합니다. 그러니 섬세하게 정성을 들여 닦아야 합니다. 즉 실천의 방법론이지요. 자사는 교화라는 길을 제시합니다.

도를 구현할 방법은 교화

앞서 말했듯이 자사가 살던 당시 중국은 무척 혼란스러웠습니다. 여러 제후국으로 분열돼 각축전을 벌였지요. 제후국들은 법을 엄히 세워서 백성을 통제하고, 군사력을 길러서 영토를 확장하는 강대국을 꿈꾸었습니다. 하지만 자사는 그래서는 혼란한 세상을 구할 수 없다고 보았습니다. 지배층이 법과 처벌을 강화할수록 백성은 두려움만 품게 되니까요. 내 나라가 군사력을 강화하면 이웃 나라도 그리할 겁니다. 지배층이 힘 겨루는 사이에서 고통받는 건 양국의 백성입니다. 자사는 법 대신

교육과 감화로 백성을 다스리고, 군사력 대신 대화로 문제를
풀어 나가기를 제안한 겁니다.

　　정리하자면 본성은 하늘이 부여하고 명령한 것입니다. 이러
한 본성을 좇아 하늘의 뜻을 실천하는 것이 도이고요. 도를 구
현할 방법은 교화입니다. 짧은 문장 속에 자사의 인간론부터
당대의 철학과 사회에 대한 고민과 통찰이 모두 담겨 있습니다.

한하운 :

고통을 관통한 자의 얼굴을 보라

● 한하운(韓何雲, 1919~1975년) 시인. 본명 한태영. 함경도 지역 유지의 아들로 태어나 북경대를 졸업한 엘리트다. 그러나 일명 '문둥병'이라 불리는 한센병에 감염된 이후 직장과 고향에서 쫓겨났고, 치료비로 전 재산을 잃었다. 월남한 이후 오랜 세월 가난하고 고독하게 살았다. 시를 쓰면서 평생 한센병 환자의 인권과 복지 향상을 위해 힘썼다.

지나간 것도 아름답다

이제 문둥이 삶도 아름답다

또 오려는 문드러짐도 아름답다.

모두가

꽃같이 아름답고

꽃같이 서러워라.

한세상

한세월

살고 살면서

난 보람

아라리

꿈이라 하오리.

한하운의 시 〈생명의 노래〉입니다. 한하운은 고독하고 힘들게 살았습니다. 한센병에 걸려 가족을 비롯한 사람들에게서 소외됐고, 아무 연고도 없는 남쪽으로 내려와야 했습니다. 이후로도 사회에 속하지 못한 채 외부인으로 살았고요. 삶 자체가 고통이었습니다. 그는 이런 삶에서 벗어나기 위해 자신을 부정하기도 하고, 절망이 커질 때는 자신을 더 극한으로 밀어붙이기도 했습니다.

하나로 누군가를 규정하는 것은 매우 폭력적입니다. 한하운은 한씨이고, 북한 출신이고, 수의사이며, 누군가의 아들이고, 누군가의 친구이고, 누군가의 연인이며, 또 어떤 음식을 좋아했고, 어떤 취미를 갖고 있었고…. 한 사람에게 이렇게 다양한 측면이 있는데도 사람들은 그를 단순히 '한센병' 환자로만 가두어 두었습니다. 무엇을 해도 여지없이 한센병 환자로 묶어 버렸지요. 심지어 '한센병 시인'으로 불리기까지 했습니다.

이렇다 보니 한하운 자신마저 스스로를 '문둥이'라며 자조하게 됩니다. 특히 초기 시들을 보면 '문둥이'로서 자의식과 고통이 절절히 느껴집니다.

한하운은 고통에서 벗어나기 위해 한때 종교에 귀의했습니다. 절대자에 의지해 고통을 극복하고 싶었던 거지요. 종교를 통해 세상은 본래 허무한 곳이고, 그렇다면 자신의 고통 역시 허무한 것이라 여기지요. 하지만 이래서는 고통은 극복할 수 있을지 몰라도, 그 이상의 행복과 아름다움, 즐거움을 추구하지는 못합니다. 고통이 허무하듯이 행복 역시 허무할 테니까요.

고통을 관통해 보니

이런 상태를 극복하면서 지은 시가 바로 〈생명의 노래〉입니다. 〈생명의 노래〉는 한하운에게 자화상 같은 작품이지요. 숱한 극한의 고통을 겪어 온 시인이 선언하는 '문둥이 삶도 아름답다'는 고백은 울림이 큽니다. 종교적 숭고함마저 느껴지지요. 한 연씩 보겠습니다.

지나간 것도 아름답다
이제 문둥이 삶도 아름답다
또 오려는 문드러짐도 아름답다.

첫 행은 지나간 삶의 아름다움을 노래합니다. 한하운의 다른 시 〈삶〉에서도 비슷한 시구가 나옵니다.

지나가 버린 것은
모두가 다 아름다웠다.

여기 있는 것 남은 것은
욕(辱)이다 벌이다 문둥이다.

그런데 이 시에서의 삶은 〈생명의 노래〉와는 크게 다른 게
느껴집니다. 〈삶〉에서는 과거 '문둥이'가 아니었던 삶을 돌아보
면서 그때의 삶만이 아름다웠다고 추억합니다. '문둥이'로서의
현재와 앞으로 남은 삶은 욕된 벌일 뿐입니다. 지나간 것이 아
름다웠다는 고백은 오히려 현재 삶의 비극을 극대화하는 효과
를 보입니다.

반면 〈생명의 노래〉에서는 지나가 버린 삶은 물론 지금 '문
둥이'의 삶도 아름다우며 심지어 앞으로 올 문드러짐조차 아름
답다고 선언합니다. 극한의 고통을 겪고서 내뱉는 한하운의 이
선언은 불교 십우도(十牛圖)의 마지막 장면을 연상시킵니다. 깨
달음의 과정을 그려 낸 십우도의 최종 단계는 곽암 스님의 표
현처럼 "재투성이 흙투성이라도 얼굴 가득 함박웃음"을 짓는
경지입니다. 한하운 또한 온갖 고통에도 함박웃음을 지을 수
있는 차원에 이른 겁니다.

모두가

꽃같이 아름답고

꽃같이 서러워라.

2연에서는 아름다움에 서글픔을 더합니다. 모든 것은 꽃처럼 아름답지만 동시에 서글픕니다. 언젠가 지기 때문이지요. 이렇게 한하운은 1연의 아름다움을 2연에서는 서글픔으로 반전합니다. 1연에서 과거, 현재, 미래의 아름다움을 선언한 후, 2연에 와서는 모든 것이 아름다우면서 동시에 서글프다고 한 겁니다.

왜 그랬을까요? 1연의 선언은 분명 숭고합니다. 하지만 여태껏 계속돼 온 고통을 마냥 지울 수는 없습니다. 또 한센병 환자라는 이유로, 소수자라는 이유로 여전히 자신처럼 고통받고 있을 사람들을 떠올리면, 단지 세상을 아름답다고만 표현할 수는 없었을 겁니다. 그것은 현실적이지 못한 감상이지요. 한하운은 진흙 속에서 피어나는 연꽃처럼, 극한의 고통 속에도 분명히 존재하는 아름다움을 발견합니다.

삶의 아름다움을 발견하되, 그저 삶의 문제를 덮어 두고 미화하지는 않습니다. 아름다움과 서글픔의 양면을 바라봅니다. 세상을 아름답다고 여기는 것은 정신적으로 높은 경지에 이른 것이지만, 세상이 변화하고 발전할 가능성은 사라지게 합니다. 세상의 아름다움을 보되, 문제의식 즉 서글픔 역시 놓쳐서는 안 되겠지요.

한세상

한세월

살고 살면서

난 보람

아라리

꿈이라 하오리.

이런 깨달음을 시인은 3연에서 반복, 종합합니다. 이 세상은 꿈같은 곳이지만 보람도 있는 곳입니다. 꿈이 무(無)의 차원이라면, 보람은 유(有)의 차원이라 할 수 있습니다. 보통 꿈을 꿀 때 꿈임을 모릅니다. 그래서 꿈에서 위험에 처하면 마치 진짜 상황인 것처럼 두려워하지요. 반대로 꿈에서 좋은 일이 생기면 현실인 양 기뻐하고요. 둘 다 꿈임을 모르기 때문이지요.

막상 깨어나서 꿈인 줄 알고 나면 꿈이라서 다행이다며 안도하기도 하고 반대로 아쉬워하기도 하지만, 한편 그런대로 재미있었다는 생각도 듭니다. 꿈이었다고 해서 그 꿈을 꾼 기억 자체가 아예 소멸되는 것은 아니기 때문입니다. 현실은 아닐지언정 꿈 역시 또 다른 경험이지요.

한하운은 아마 이렇게 말하고 싶었던 게 아닐까요? "젊어서는 부유한 집안에서 태어나 일본과 중국으로 유학도 다녀오는 등 많은 사람의 선망을 받으면서 살았습니다. 그런데 문둥병에 걸리자 가족과 지인에게도 버림받았습니다. 말로 표현할 수 없는 신체적 고통과 정신적 괴로움으로 하루하루를 간신히 버티면서 살아왔습니다. 그런데 쭉 살아 보니 이 세상이 꿈속과 다르지 않더군요. 이 세상이 꿈속이라는 것을 알고서 삶을 살아간다면, 기쁜 일도 괴로운 일도, 아름다운 것도 서글픈 것도 그런대로 의미가 있고 보람이 있지 않을까요. 꿈이기에 집착할 것이 없고, 집착하지 않기에 오히려 보람을 느낄 수 있는 것 아닐까요."

6부

타인과 어떻게 만나야 할까

마르쿠스 아우렐리우스 :
마음에는 힘이 있다

● 마르쿠스 아우렐리우스(Marcus Aurelius, 121~180년) 고대 로마의 황제이자 스토아학파 철학자. 많은 시간을 전장에서 보냈지만 틈나는 대로 공부와 사색을 즐겼다. 당대에도 '철인 황제'로 칭송받았다. 순리에 따르는 삶과 이성적인 사고를 중시했다.《명상록》을 썼다.

파도가 밀려와 끊임없이 부서져도 끄떡없이 버티고 서 있는 바위처럼 살라. "나는 얼마나 운수가 고약한가, 이런 변을 당하다니!" 아니, 그 반대다. 오히려 "나는 얼마나 운수가 좋은가, 이런 변을 당해도 나는 슬퍼하지 않고 현실에 압도되지 않으며 미래를 두려워하지 않으니!" 왜냐하면 같은 일이 만인에게 일어날 수 있지만 누구나 태연할 수는 없으므로.
_《명상록》

아우렐리우스는 파도가 몰아쳐도 끄떡없는 바위처럼 살 것을 권합니다. 불운한 일이 닥치지 않는 인생은 없으니까요. 그러니 안 좋은 일이 생길 때마다 '나는 왜 이렇게 불운한가?'라고 한탄하지 말라고 합니다. 그 불운에도 끄떡없게 마음을 강하게 연마하라고 합니다. 그러면 오히려 이렇게 생각할 수 있습니다. '나는 무척 행운아다. 불운은 누구에게나 오기 마련이나 나에게서만큼은 그 불운이 불행을 낳지 못한다.'

굳건한 마음의 힘

나를 괴롭히는 어떤 외부적 요인이 있을 때 가장 좋은 해결 방법은 그 요인을 제거하는 겁니다. 그러나 말처럼 쉽지 않습니다. 쉽게 해결될 일이었다면 애초에 그리 괴롭지도 않았을 테니까요. 특히 그 일이 해결될 때까지 계속 괴로울 나의 마음은 어떻게 해야 할까요? 그러므로 외부 여건을 변화시키려 노력하되, 마음을 돌보는 일도 소홀히 해서는 안 될 겁니다. 마음이 굳건해야 외부 환경을 바꿀 힘도 생길 테니까요.

아침에 자리에서 일어나면 자신에게 이렇게 타일러라. 나는 남의 일에 참견하기를 좋아하는 사람이나 은혜를 고마워할 줄 모르는 사람, 건방진 사람이나 사기꾼, 샘이 많은 사람이나 냉정한 사람들을 만나게 될 것이라고. 그들에게 그런 결점이 있는 것은 그들이 선이 무엇이고 악이 무엇인지 모르기 때문이다. 그러나 나는 선의 본성은 아름답고 악의 본성은 추하다는

것을 깨닫고, 나쁜 짓을 하는 자의 본성도 나와 같은 근원에
속해 있을 뿐만 아니라 그 역시 같은 이성과 같은 신성을 갖
고 있는 동포라는 것을 깨달았다.
_《명상록》

아우렐리우스는 로마의 황제였는데도 행복하지는 않았나
봅니다. 실제로 재임 기간 내내 숱한 외침과 반란에 시달렸지
요. 그래서 아우렐리우스는 아침에 일어날 때마다 스스로를 타
이르면서 다짐한 모양입니다. '나는 오늘도 나를 힘들게 하는
사람들을 만나게 될 것이다. 남의 일에 지나치게 참견하는 사
람을 만날 것이다. 은혜를 고마워하기는커녕 오히려 힐난하고
더 많은 것을 요구하는 사람, 자기 자랑만 늘어놓는 건방진 사
람, 나를 속이고 이용하려 드는 사기꾼 같은 사람, 시샘이 많아
서 남의 행복에 배 아파하고 남의 불행에 즐거워하는 사람, 남
의 고통에 눈길 한번 주지 않는 냉혈한을 만날 것이다.'
　하지만 그는 이런 사람들을 미워하는 일로 자신의 하루를
허비하지 않으려고 합니다. 그들이 자신에게 한 대로 갚아 주
는 일은 결코 지혜롭지 못하다고 생각하지요. 그들 때문에 자
신이 괴로워하고 슬퍼하면 그것이야말로 그들이 바라던 바인
줄도 압니다. 그래서 아우렐리우스는 차라리 그들을 가련하게
여깁니다. 그들이 그렇게 행동하는 이유는 단지 잘 몰라서이니
까요. 그들은 타고난 악인이나 악마가 아닙니다. 어린아이가 잘

못을 저질렀을 때는 성인처럼 엄벌하지 않습니다. 몰라서 한 건 줄 아니까요. 아이가 내 팔을 꼬집었다고 해서 성인인 나도 똑같이 아이의 팔을 꼬집는다면, 자신만 부끄러워집니다.

그들을 치매를 앓고 있는 가족이라고 상상해 볼 수도 있습니다. 치매 탓에 비상식적인 행동을 하고 나를 괴롭힐 수도 있습니다. 하지만 그것이 그의 본디 모습이 아니란 걸 우리는 압니다. 치매에 걸린 가족을 내쳐서는 안 되듯이, 아우렐리우스는 그들 역시 자신처럼 이성과 신성을 지닌 존재라는 것을 알아 미워하지 않기로 한 겁니다. 더 나아가 그들을 감싸 안아야 한다고 생각하지요.

흔들림 없는 신념과 관용

성경을 읽은 사람이라면 십자가에 매달렸을 때 예수가 한 말을 기억할 겁니다. "아버지, 저들을 용서하소서! 저들은 자기가 하는 일을 알지 못하옵니다." 아우렐리우스와 예수는 타인의 잘못이 무지에서 비롯되었다고 보았습니다. 그래서 잘못을 저지른 이들을 미워하지 않고 용서할 수 있었지요.

아우렐리우스와 예수 같은 사람은 자신에 대한 신뢰가 깊은 사람이라고 생각합니다. 약자는 '용서'를 하지 못합니다. 애초에 선택지가 없기 때문이지요. 그래서 약자가 하는 용서는 자기기만일 수 있다고 저는 생각합니다. 용서는 오직 강자만이 베풀 수 있는 고유한 권한 아닐까요. 아우렐리우스와 예수가 타인의 잘못을 용서할 수 있었던 것도 그들이 강자였기 때문이라고 봅니다. 여기서 강함은 육체적인 힘을 말하지 않습니다. 마음이 강한 사람들이라는 뜻입니다. 둘은 강인한 신념과 너른 마음을 가졌습니다.

물그릇에 검은 물감을 한두 방울만 떨어뜨려도 곧 검어집니다. 하지만 바다는 물감을 전부 쏟아부어도 미동하지 않습니다. 예수와 아우렐리우스는 모두 바다 같은 사람이었습니다. 자신의 길이 옳다는 확고한 신념이 있었기에 타인을 너그럽게 이해할 수 있었습니다. 자신이 옳다는 생각이 늘 아집과 독선만 낳는 것은 아닙니다. 아우렐리우스와 예수처럼 그런 생각을 더 끌어올리면, 오히려 위대한 관용을 낳습니다.

폴 틸리히 :

고독해서 사랑한다

● 폴 틸리히(Paul Tillich, 1886~1965년) 독일의 신학자이자 현대철학자. 1차대전 때 군종목사로 복무했다. 대학교수로 있다가 유대인을 도운 죄로 나치 정권에 의해 추방됐다. 미국으로 망명했고 하버드대학교 등에서 신학을 가르치면서 여생을 보냈다. 실존주의를 비롯한 철학과 신학의 만남을 시도했다. 20세기 최고의 신학자로 평가받는다.

인간이 자기에게 집중하는 것이야말로 인간의 위대성입니다. 인간은 자신이 속한 세계와 분리된 상태에서 그 세계를 바라볼 수 있습니다. 인간이 그의 세계를 알고 사랑하고 변화시킬 수 있는 유일한 이유는 그가 그것을 바라볼 수 있기 때문입니다. 하느님은 인간을 세상의 통치자로 만드시는 과정에서 그를 세상에서 분리해 홀로 있음 속으로 밀어 넣으셔야 했습니다. 그러므로 인간은 또한 하느님과 다른 인간과 이야기를 나눌 수 있습니다. 그는 행복인지 불행인지 자유를 갖고 있습니다. 오직 자기 안에 아무도 뚫고 들어올 수 없는 중심을 가진 인간만이 자유롭습니다. 오직 홀로 있는 인간만이 자신이 인간임을 주장할 수 있습니다. 이것은 위대한 일이며, 인간의 무거운 짐이기도 합니다.

_《영원한 지금》

홀로 있음에는 외로움(loneliness)과 고독(solitude)이라는 두 측면이 있습니다. 우리말에서는 의미가 명확히 구분되지 않지만, 서양에서는 외로움이 주로 홀로 있음의 쓸쓸하고 괴로운 상태를 가리키는 반면, 고독은 홀로 있을 때 느낄 수 있는 고요와 평안을 가리킵니다. 틸리히는 고독에 주목합니다. 인간은 언제나 홀로 있습니다. 함께 있음도 궁극적으로 홀로 있음을 해결해 주지는 못하지요. "그대가 곁에 있어도 나는 그대가 그립다"는 어느 시인의 노래처럼, 친밀한 사람과 함께 있는 그 순간에도 우리는 홀로 있음을 떨칠 순 없습니다. 나의 감정과 생각을 상대방과 완전히 공유하지는 못하니까요. 내가 '나'를 벗어날 수 없듯이, '너'도 너를 벗어날 수 없기 때문이지요. 인간은 이렇듯 홀로 와서 홀로 살다 가는 존재입니다.

인간만이 홀로 있는 것은 아닙니다. 모든 생명은 홀로 있습니다. 그러나 홀로 있음이 유독 인간에게 더 절실한 표현인 것은, 인간은 홀로 있음을 인식하고 또 그것에 대해 사유할 수 있기 때문이지요. 그것이 인간이 자신에게 집중할 수 있는 이유입니다. '나'로 태어나 나를 모르고 가는 삶은 얼마나 비극적인가요. 하지만 인간은 고독한 순간에 나를 만날 수 있습니다. 역설적으로 홀로 있기에 세상을 관조할 수 있습니다. 그래서 세상을 변화시키고 사랑도 할 수 있지요. 이것이 바로 신이 인간에게 준 위대성입니다.

고독과 마주할 것

홀로 있음은 인간의 본질인데, 홀로 있음을 그대로 대면하는 사람이 있는 반면, 이를 줄곧 외면하려 드는 사람도 있습니다. 소일거리로 시간을 허비하고, 마냥 타인에 의지하려는 사람이 그 예지요. 이런 사람들은 홀로 있음이 주는 위대성을 체험하지 못합니다.

틸리히는 고독을 견딜 수 있는 사람만이 외로움을 이겨 낼 수 있다고 말합니다. 고독과 대면한 후 그 시간을 영광되게 보낼 수 있는 사람, 고독 속에서 자신의 고민과 마주하고 철학적 질문을 던지고 답을 찾는 사람, 다른 것들과 떨어져 있음으로써 나만의 것을 창조해 낼 수 있는 사람만이 외로움도 극복할 수 있다는 겁니다. 역사 속 위인들은 고독을 즐겁게 살아 낸 이들이었습니다. 모든 위대한 시와 철학과 종교, 예술과 혁명은 고독 속에서 탄생했다고 해도 과언이 아닙니다.

사랑조차 고독 속에서 태어납니다. 왜냐하면 고독에 처한 자들만이 자기들과 분리된 사람들에게 도달할 수 있기 때문입니다. 오직 영원의 현존만이 일시적 존재를 다른 일시적 존재들로부터 고립시키는 벽돌을 돌파할 수 있습니다. 여러 시간의 대화보다 한 시간의 고독이 훨씬 더 우리를 우리가 사랑하는 이들과 가까워지게 해 줄 수 있습니다.

_《영원한 지금》

사랑도 고독 속에서 탄생합니다. 고독을 알고 깊이 사유하는 사람이라야 타인의 고독을 이해할 수 있습니다. 고독을 모르는 사람이 타인을 진정 사랑한다는 것은 어불성설이지요. 타인의 고독을 품지 못하는 사랑은 사랑이 아닌 탐착입니다. 주체인 '너'를 사랑하는 것이 아니라 객체인 '그것'을 대상화하고 탐착하는 것에 불과합니다.

사랑의 기원

더 나아가 애초에 사람이 고독하지 않았다면, 사랑이란 이 세상에 존재하지 않았을 개념입니다. 고독하기에 타자와 만나고 싶어 하고, 고독하기에 타인의 고독을 이해하고 메워 줄 수 있으니까요. 그래서 역설적으로 누군가를 사랑할 때 오히려 혼자의 시간을 많이 가질수록 사랑이 더 깊어진다고 합니다. 사랑하는 사람과 여러 시간 대화를 나누는 것보다 말이지요.

우리는 사랑을 무척이나 갈망하면서 정작 사랑을 너무도 단순하게 여깁니다. 어떻게 하면 그 사람이 나를 사랑하게 할 수 있을까, 어떻게 해야 그 사람에게서 사랑받을 수 있을까만을 고민하는 듯합니다. 하지만 그 전에 던져야 할 질문은 '어떻게 해야 그 사람을 사랑할 수 있을까'가 아닐까요. 사랑받기 전에 사랑하는 방법을 고민해야 하지 않을까요. 그런데 대부분 사람은 사랑하는 방법은 이미 알고 있다고 생각하고는 사랑받을 방법만을 궁리하는 듯합니다. 순서가 바뀐 것이지요. 사랑할 줄 모르는 관계는 건강할 수 없고 오래 지속될 수 없습니다.

틸리히는 고독 속에서 사랑의 방법을 모색하길 권유합니다. 고독은 먼 옛날부터 먼 훗날까지 인간이라면 누구나 품게 되는 인간의 본질입니다. 인간은 모두 고독하게 서로 떨어져 있어 진실되게 만날 수 있는 겁니다. 비어 있기에 채울 수 있고, 떨어져 있기에 다리를 이을 수 있지요. 틸리히는 말합니다.

고독은 홀로 있을지라도 외롭지 않은 경험입니다. 고독의 빈곤 안에 모든 풍요로운 것이 존재합니다. 담대하게 고독을 추구합시다. 영원한 것과 마주하고, 다른 이들을 찾고, 우리 자신을 바라봅시다!
_《영원한 지금》

최시형 :
사람은 사람이지 않은 적이 없다

● 최시형(崔時亨, 1827~1898년) 조선 시대의 사상가. 호는 해월. 어린 나이에 고아가 돼 궁핍하게 살았다. 최제우를 만나 동학에 입교했고, 2대 교주가 됐다. 1894년 동학농민항쟁에 가담했다가 관군에 체포돼 죽임을 당했다.

사람이 바로 하늘이니 사람 섬기기를 하늘같이 하라.

_《해월신사법설》

보통 동학 하면 '인내천(人乃天)'을 떠올립니다. 그런데 인내천은 동학의 세 번째 계승자인 손병희가 한 말입니다. 동학 창시 때나 갑오년 동학농민항쟁 당시에는 인내천이란 말이 없었습니다. 그 전엔 최시형이 주창한 '인시천(人是天, 사람이 곧 하늘이다)'이 있었고, 최제우가 주창한 '시천주(侍天主, 모든 생명은 하늘을 모신 존재다)'가 있었습니다. 즉 동학의 처음 모토는 시천주였습니다.

최제우는 모든 생명이 각자 하늘을 모신 존재라고 생각했습니다. 각자가 하늘을 모시고 있다는 선언은 두 가지 뜻을 품고 있습니다. 첫 번째는 모든 생명이 존엄하고 평등하다는 것입니다. 모두가 하늘을 모시고 있는 존재이니 누구도 함부로 대할 수 없다는 겁니다. 누군가를 하대한다는 것은, 곧 그 사람의 내면에 있는 하늘을 하대하는 것이 되니까요. 동학이 신분 철폐를 외친 것은 당연한 귀결이었습니다. 최제우는 비록 가세가 기울어 실질적인 권력은 없었지만 학문적으로는 퇴계 이황을 계승한 영남의 양반 가문이었습니다. 집안에 여자 노비가 둘 있었는데, 노비 문서를 불태운 다음 한 사람은 수양딸로 삼고, 한 사람은 며느리로 삼았지요.

두 번째는 각자가 모시고 있는 하늘을 잘 섬기면 크게 인격을 도야할 수 있다는 겁니다. 나와 타인 속에 하늘이 존재하니 그 하늘을 지각하고 하늘의 큰 뜻과 능력을 발현한다면 누구나 위대한 존재가 될 수 있다는 얘깁니다. 아무리 천대받는 노비나 백정이라도 자신의 능력을 발휘하면 뛰어난 인재, 인격자가 될 수 있겠지요.

이런 철학이 있어 동학은 양반이든 노비든 신분에 상관없이 서로 맞절을 하도록 했습니다. 여전히 칠거지악 같은 성차별이 극심할 때였지만, 남편이 부인에게 절을 하도록 시켰습니다. 열녀 강요에 반대해 과부의 재가를 허용해 달라고도 국가에 청원했습니다.

자신을 향해 제사를 지내라

최시형은 시천주에서 한 걸음 더 나아가 인시천을 주장합니다. 사람이 바로 하늘이니 사람 섬기기를 하늘 섬기듯이 하라는 겁니다. 최제우의 시천주와 의미가 크게 다르지는 않지만 시천주보다 사람을 더 중시한 말이지요.

최시형이 물었다.
"제사 지낼 때에 벽을 향하여 상을 차리는 것이 옳은가, 나 자신을 향하여 상을 차리는 것이 옳은가?"
손병희가 대답했다.
"나 자신을 향하여 상을 차리는 것이 옳습니다."
최시형이 말했다.
"그렇다. 이제부터는 나 자신을 향하여 상을 차려야 한다. 그러면 제사 음식을 차릴 때에 혹 급하게 집어 먹었다면, 다시 차려서 제사를 지내야 하겠는가, 그대로 지내도 되겠는가?"
손천민이 대답했다.
"그대로 제사를 지내는 것이 맞습니다."
_《해월신사법설》

최시형이 제자 손병희, 손천민과 나눈 문답입니다. 손병희, 손천민은 동학 북접의 지도자로 동학농민항쟁에 함께했습니다.

손병희는 이후에 삼일운동도 주도했지요.

지금도 차례나 기제사를 지낼 때 벽에 위패를 세우고 제사상을 차립니다. 그런데 최시형은 벽을 향해 제사를 지낼 것이 아니라 자신을 향해 지내야 한다고 주장합니다. 각자가 하늘을 모신 존재이며, 나아가서는 하늘 그 자체이기 때문이지요. 그러니 자기 밖의 것에서 신령한 것을 찾고 기복을 구할 게 아니라, 자신의 존엄성을 깨달아서 자기를 존중하고 사랑해야 한다는 겁니다. 사람들은 바깥에서 복을 구하지만, 정녕 복을 짓고 받는 것은 나 자신이니까요. 자신을 가장 소중히 여겨야 하는 까닭입니다. 이를 깨달으면 명절이나 기일 등에 지내는 제사만 성스러운 것이 아니라 매일 세 끼를 먹는 순간순간이 모두 신성한 제사를 지내는, 성스러운 예배의 시간이 되겠지요.

최시형은 제자들에게 이렇게 묻기도 했습니다. 정말 조상의 혼이 있어서 제사 때 오신다면 아무것도 없는 저 병풍 뒤 벽으로 오겠느냐 아니면 당신의 후손이며 하늘인 제주에게 오겠느냐고. 조상의 혼이 있다면, 정해진 형식에 맞춰서 제사상을 차리느라 후손들이 고생하고 반목하는 것을 결코 바랄 리 없습니다. 그보다는 후손들이 자기들이 좋아하는 음식을 차려서 그저 맛있게 먹기를 바라지 않을까요.

또 최시형은 혹 제사를 지내기 전에 제사상의 음식을 먹었더라도 괜찮다고 말합니다. 기존의 법도대로라면 조상이 드시기 전에 음식에 손을 대는 것은 무척 불경한 행위지요. 그래서 다시 제사상을 차려야 했습니다. 하지만 최시형은 그럴 필요 없다고 합니다. 그 음식 그대로 제사를 지내도 된다는 것이지요. 궁극적으로 제사란 사람을 위한 것이어야 하므로, 사람이 먼저 먹는 게 문제가 되지 않는다는 겁니다.

최시형의 주장은 이처럼 혁명적이었습니다. 조상이나 신이 아닌, 각자 자기 스스로를 향해 예배를 올리라는 주장은 동아시아의 제사 문화에서는 물론 세계 어떤 종교에서도 볼 수 없던 주장이기 때문입니다.

이황 :
같은 모래알은 없다

● 이황(李滉, 1501~1571년) 조선 시대의 유학자. 호는 퇴계. 성균관 대사성, 대제
학 등을 지냈다. 주희의 성리학을 계승하면서도 리(理)의 능동성을 강조함으
로써 중국 성리학과 다른 조선 성리학을 확립했다. 기대승과 나눈 사단칠정
논쟁이 유명하다.

선생께서 말씀하신 "요즘 학자들이 명성을 도둑질하고 세상
을 기만한다"는 소견에 대해서는 저 역시 걱정하는 바입니다.
그러나 무조건 꾸짖고 누르기만 하는 것도 일을 잘 다스리는
길은 아닐 것입니다. 사람은 누구나 선을 좋아하기 마련입니
다. 더욱이 천하의 인재들로서 성심으로 학문하기를 원하는
사람이 어찌 적다 하겠습니까. 문제를 일으킬 수 있다고 해서
꾸짖고 억누르면, 이는 결과적으로 사람들이 바른 길을 향해
나아가고자 하는 것을 차단하는 꼴이 됩니다. 게다가 모름지
기 사람은 품성과 자질이 저마다 같지 않다는 것을 명심해야
합니다. 어찌 일률적으로 명성을 도둑질하고 세상을 훔치는
자라며 마냥 배척해야 되겠습니까. 그들 또한 함께 장려해 주

어야 합니다.

_《퇴계집》

이황이 남명 조식에게 보낸 답장의 일부입니다.

우선 편지가 오갈 당시의 사단칠정논쟁을 이해해야 합니다.

이황이 53세 때 〈천명도〉라는 글을 일부 수정합니다. "사단 (四端)은 리(理)에서 발한 것이다"는 원래의 문구를 "사단은 리가 발한 것이다"로 고친 것이죠. 사단은 타인을 사랑하는 마음, 불의를 미워하는 마음, 겸손한 마음, 옳고 그름을 판단하는 마음 넷을 가리킵니다. 인간 내면의 순전한 마음씨를 이르지요. 리는 형이상학적인 개념이라 한마디로 규정하기 쉽지 않습니다. 저는 간단히 '순전한 본질'이라고 말씀드리겠습니다.

기존 〈천명도〉의 문장과 퇴계의 수정본 사이에는 미묘한 차이가 있습니다. '리에서'를 '리가'로 바꿈으로써 리가 더 주체적이게 되지요. 이황은 리의 능동성을 살리고자 했던 겁니다. 그런데 본질인 리가 주체가 되어 무언가를 능동적이게 한다는 것은 다소 납득하기 어렵습니다. 주희의 이론과도 멀어진 면이 있고요.

이 소식을 들은 고봉 기대승이 퇴계의 주장을 반박하고 나섭니다. 이에 이황이 답문을 쓰면서 우리나라 철학사에서 가장 대표적인 철학 논쟁인 사단칠정논쟁이 시작됩니다. 유학의 인성론과 형이상학의 핵심 개념인 사단(四端)과 칠정(七情), 리(理)

와 기(氣)의 관계를 두고서 이황과 기대승은 무려 8년간 편지를 주고받습니다.

당시 이황은 성균관 대사성 등 유학자로서 오를 수 있는 최고 자리에까지 올랐던 대학자였습니다. 반면 기대승은 이황보다 스물여섯 살이나 어린 데다 이제 막 과거에 급제한 초학자였지요. 지금으로 치면 최고 대학의 총장을 지낸 석학과 갓 입학한 대학원생이 8년간 논쟁을 벌인 거라고 볼 수 있습니다.

둘의 논쟁은 곧 화제가 됩니다. 편지가 오갈 때마다 누구의 학설이 옳은지 그른지를 두고서 전국의 학자들이 옥신각신합니다. 논쟁이 종료되고 이황이 타계한 이후에도 율곡 이이와 우계 성혼이 각각 기대승과 이황의 입장을 대변하면서 논쟁을 이어 갈 정도였지요.

당대의 석학에게 거침없이 '대든' 기대승도 대단하고, 석학이면서 선뜻 초학자의 논박에 응한 이황도 큰사람이라고 생각합니다. 처음부터 논박에 응하지 않거나 적당히 권위로 누를 수도 있었을 텐데 그렇게 하지 않은 겁니다. 이황은 최대한 평등한 입장에서 논쟁을 했고 나중에는 기대승의 논박을 수용해 자신의 학설을 일부 수정하기까지 합니다.

이황에게 불만을 토로한 조식

그런데 두 사람의 논쟁을 부정적으로 생각한 사람이 있었으니 바로 조식입니다. 조식은 동갑인 이황에게 이렇게 편지를 씁니다.

요즘 학자들을 보면, 손수 빗자루를 잡아 쓸고 물청소하는 줄은 모르면서 입으로는 하늘의 이치를 논합니다. 이는 명성을 도둑질하고 남을 기만하는 것입니다. 그러한 잘못이 세상 사람들에게 두루 미치게 되었습니다. 선생 같은 어른께서 꾸짖어 그만두게 하지 않은 탓입니다.

조식이 생각하기에 사단, 칠정, 리, 기를 논하는 것은 세상에 별 도움이 안 되는 일입니다. 그것은 고상해 보이나, 정작 현실적인 문제는 해결할 수 없기 때문이지요. 조식은 국정은 엉망이고 백성의 삶은 갈수록 피폐해지는 상황에서 이런 논쟁이 다 무슨 소용이냐고 생각한 것입니다. 석학이자 어른이라면 젊은 학자들이 객기 어린 뜬구름 잡는 소리를 그만두도록 엄히 꾸짖는 것이 마땅한데, 왜 같이 어우러져서 논쟁을 하고 있느냐는 비판이지요. 실천학을 중시하는 조식의 학풍과 직설적인 면모를 느끼게 하는 편지입니다.

이에 퇴계는 말하지요. 자신 역시 논쟁의 폐단을 염려하지 않은 것은 아니나, 그렇다고 해서 이제 막 열정을 갖고서 학문에 들어선 젊은 학자들을 마냥 꾸짖는 것 또한 옳은 방법은 아니라고요. 그것은 학문의 길을 끊는 거니까요. 사람은 적성과 기질이 각양각색이어서 실천을 좋아하고 실천에 능한 사람이 있는가 하면, 이론 연구에 능한 사람도 있다는 겁니다. 실천도 중요하지만 이론도 중요합니다. 이론 연구가 적성인 사람에게 무턱대고 공부를 그만두라고 다그쳐서는 안 되겠지요. 각자의 적성을 살릴 수 있도록 돕는 것이 어른으로서 해야 할 마땅한 자세라고 이황은 말합니다. 그들이 명성을 도둑질한다, 세상을 속인다, 타인에게 해를 끼친다, 비난하는 것은 지나친 예단이라면서요.

이런 시각의 차이는 조식과 이황의 학문관과 교육관이 달라서입니다. 한참 어린 후학과 평등한 입장에서 논쟁하고, 후학을 꾸짖기보다 적성을 더 살릴 수 있도록 포용하는 이황의 모습이 오늘날 수평적인 교육과 비슷해 보입니다. 반면 이 같은 수평적 교육에서 생기는 폐단을 바로잡는 데에는 조식의 주장이 도움이 될 것 같습니다. 둘 중 한 사람만이 옳다고 할 수는 없습니다. 누구의 입장에 더 공감이 가는지는 각자 자신의 목소리에 귀를 기울여 보면 될 듯합니다.

장자 :
보아야 할 것을 보기

● 장자(莊子, BC 365~BC 270년) 중국 춘추전국시대의 철학자. 몇 차례 관직을 권유받았으나 한 번도 응하지 않았다고 한다. 유교적 규범과 국가주의를 풍자하고, 개인의 자유를 중시했다. 책《장자》가 전해지는데 '호접지몽'과 '정주지와' 등 지금도 회자되는 여러 고사가 여기에서 유래했다.

봉새의 길이가 몇 천 리나 되는지 알 수 없다. 힘차게 날아오르면 그 날개는 하늘 가득히 드리운다. 이 새는 큰 바람이 불 때 남쪽 바다로 날아가려 한다. 남쪽 바다란 곧 천지를 말한다. 물 괸 곳이 깊지 않으면 큰 배를 띄울 만한 힘이 없다. 한 잔의 물을 마룻바닥 파인 곳에 엎지르면 작은 풀잎은 떠서 배가 되지만, 거기에 잔을 놓으면 바닥에 닿는다. 물은 얕은데 배가 크기 때문이다. 이렇듯 바람 쌓인 것이 가득하지 않으면 큰 날개를 띄울 만한 힘이 없다. 그러므로 9만 리나 올라가야 날개 밑에 바람이 쌓인다. 그런 뒤에야 비로소 붕은 바람을 타고 푸른 하늘을 등에 진 채, 아무런 걸림도 없이 바야흐로 남쪽으로 향하게 된다. 이런 붕을 보고는 매미와 비둘기가 비웃으며 말한다. "우리는 있는 힘껏 날아올라야 나무에 닿고 때로 거기에도 이르지 못해 땅바닥에 동댕이쳐진다. 그런데 어째서 9만 리나 올라가 남쪽으로 가려고 하는가?" 마실 나가는 사람은 세 끼 식사만 먹고 돌아와도 아직 배가 부르지만, 백 리 길을 가는 사람은 하룻밤 걸려 찧은 곡식을 챙겨야 하고, 천 리 길을 가는 사람은 석 달 동안의 식량을 준비해야 한다. 그러니 이 조그만 날짐승들이 어떻게 대붕의 비상을 알랴. 작은 지혜는 큰 지혜에 미치지 못하고, 짧은 수명은 긴 수명에 미치지 못한다. 아침에 태어나 초저녁 스러지는 버섯은 밤과 새벽을 모르고, 여름 매미는 봄과 가을을 모르는 법이다.

_《장자》

장자는 붕(鵬)이라는 전설 속의 새를 소개하면서 책을 시작합니다. 붕새는 길이가 몇 천 리에 이를 정도로 거대합니다. 날개를 한 번 펴면 하늘을 가려 땅에 그림자가 드리울 정도이지요. 이렇다 보니 날갯짓을 하려면 무려 9만 리는 올라가야 합니다. 아래에 날갯짓하는 데 필요한 바람이 쌓여야 하니까요. 마치 큰 배를 띄우려면 물이 깊어야 하는 것과 같은 이치지요. 이런 붕의 몸짓을 보고는 매미와 비둘기가 비웃습니다. 굳이 그렇게 높이 올라가서 먼 남쪽 땅으로 갈 이유가 있느냐는 겁니다. 그러나 작은 날짐승들이 대붕의 큰 뜻을 알 리가 있겠습니까. 아침에 태어나 초저녁에 스러지는 버섯이 밤과 새벽을 알 수 없는 것처럼 말이지요.

포부가 큰 사람 안에는 굳센 힘이 있습니다. 오랜 시간 묵묵히 준비하며 기다릴 지구력이 있고, 시련을 버텨 낼 끈기도 있습니다. 큰 포부란 대개 현실과는 거리가 멀기 마련이지요. 그래서 포부가 큰 사람들은 주변의 무시와 시샘, 가까운 이들의 걱정 어린 조언도 기꺼이 품을 수 있어야 합니다. 그러면서 찬찬히 나아갑니다. 이런 대붕에게 매미와 비둘기의 비웃음은 조금의 걸림돌도 되지 못합니다.

잊어서는 안 될 것은 잊고

인기지리무신이란 사람이 위나라 군주 영공에게 의견을 말했더니, 영공이 무척 기뻐했다. 그 뒤로는 비장애인을 보면 오히려 그 목이 야위고 가냘프게 보였다. 옹앙대영이란 사람이 제나라 군주 환공에게 의견을 말했더니, 환공이 몹시 기뻐했다. 그 뒤로는 비장애인을 보면 오히려 그 목이 야위고 가냘프게 보였다. 이렇듯 덕이 높으면 외모 따위는 잊게 된다. 그러나 세상 사람들은 그 잊어야 할 것은 잊지 않고, 잊어서는 안 될 것은 잊고 있다.

_《장자》

인기지리무신과 옹앙대영은 모두 신체장애인입니다. 《장자》에 등장하는 이야기는 대부분 역사적 사실이 아닌, 장자가 지어 낸 것입니다. 장자는 가상 인물과 실존 인물을 적절히 등장시켜 이야기를 구성하는데, 여기에서는 위나라 영공과 제나라 환공이 실존 인물이고, 인기지리무신과 옹앙대영은 가상 인물입니다. 인기지리무신과 옹앙대영의 의견에 매우 흡족했던 영공과 환공은 그들을 만난 이후로는 오히려 비장애인을 볼 때면 무언가 부족하다고 느낍니다. 옹앙대영은 목에 큰 혹이 달렸는데 그를 흠모하게 된 이후로 환공은 혹이 없는 비장애인의 목을 보면 너무 야위고 가냘퍼 보인다고 생각하게 된 겁니다. 내면의 덕이 높으면 외모 따위는 잊게 되는 것이지요. 그런데 장자는 세상 사람들은 잊어야 할 외면에 집착하고, 잊지 말아야 할 내면은 잊고 산다고 지적합니다.

많은 사람이 장애학을 의학의 영역으로 한정합니다. 하지만 장애학은 사회학이기도 하지요. 사회학에서 볼 때 장애인은 장애가 있는 사람이 아니라 장애를 '겪는' 사람입니다. 장애는 신체에 있는 것이 아니라 '관계' 속에 있기 때문이지요. 예를 들어, 키가 2미터 이상인 사람이 다수인 나라가 있다고 가정해 보겠습니다. 그 나라는 손잡이나 물건 선반이 모두 높은 곳에 있겠지요. 버스 벨이나 초인종을 누르려고 해도 키가 2미터에 못 미치는 사람은 누르지를 못할 겁니다. 학교나 카페의 의자, 책상도 높아서 키 작은 사람은 앉을 수 없겠지요. 모든 것이 2미터 이상인 사람의 기준에 맞추어져 있을 테니까요. 그런 사회에서는 키가 160센티미터인 사람이 장애인이 될 수밖에 없는 겁니다.

이렇듯 사회학에서 장애는 신체에 있는 것이 아니라 관계 속에서 형성되는 상대적 불편입니다. 하나의 이상적인 상태의 '정상인'을 상정하고, 그것에 못 미치는 이들을 '비정상인'이라 치부하는 태도는 바람직하지 않습니다. 그러므로 '정상이냐, 아니냐'가 아니라 '현 사회에서 장애를 겪고 있느냐, 아니냐'라고 하는 것이 더 정확한 표현 아닐까요.

장자는 장애가 무엇인지 간파하고 있었던 겁니다. "덕이 높으면 외모 따위는 잊게 된다"고 했는데 여기에서 덕이 높은 사람은 인기지리무신과 옹앙대영, 영공과 환공 모두를 가리킵니다. 그들에게는 '정상인'이라는 허구의 관념이 없습니다. 그러므로 흔히 사람들이 생각하는 '신체장애'가 그들에게는 그저 그 사람의 특징일 뿐인 겁니다.

장애인이 호소하는 고통 중 하나가 자신의 정체성이 늘 '장애인'으로 규정되는 겁니다. 장애인이 가수가 되면 '장애인 가수'로 불리고, 장애인이 변호사가 되면 '장애인 변호사'로 화제가 됩니다. 장애인이라는 꼬리말을 그만 붙일 순 없을까요? 그냥 가수, 변호사로 부르면 충분할 텐데 말이지요. 장자가 말한 '잊어야 할 것'은, 예를 들면 이렇게 신체의 특징으로 그 사람의 존재를 규정하는 것입니다. 반면 '잊지 말아야 할 것'은, 신체의 특징으로 결코 가려서는 안 될 그 사람의 고유성 그 자체이겠지요.

이순신 :

부모라는 타자의 마음

● 이순신(李舜臣, 1545~1598년) 조선 시대의 장군. 32세 늦은 나이에 무과에 급제했다. 변방 근무를 거쳐 47세에 전라좌수사에 임명됐다. 임진왜란 때 한산대첩, 명량대첩 등 무패의 신화를 남겼다.

1593년 8월 2일. 탐후선이 들어왔다. 아들 면이 아픈 데가 곪아서 침으로 째었더니 악즙이 흘러나왔다고 한다. 며칠만 늦었더라면 구할 길이 없었더라고 하니, 매우 놀랍고 한탄스러운 심정을 이기지 못했다. 지금은 조금 생기가 있다고 하니 다행임을 어찌 말로 다할 수 있으랴. 의사 정종지의 은혜가 참으로 크다.

_《난중일기》

모든 책은 2차 가공물입니다. 책은 작가를 닮고, 독자는 그 책을 자신의 인생에 맞추지요. 그렇게 비로소 한 권의 책이 역할을 다합니다. 《난중일기》도 그렇습니다. 누구는 위대한 리더라면 어떠해야 하는지 알고 싶어 그 책을 읽고, 누구는 충신이란 무엇인지 알기 위해 읽고, 또 누구는 고뇌에 찬 한 인간을 이해하기 위해 읽기도 합니다. 한 사람의 이순신이 각자의 충무공이 되어 인생의 길을 열어 줍니다.

저는 《난중일기》에서 다섯 아들과 두 딸을 둔 아버지로서의 이순신을 보았습니다. 그리고 제 아버지를 생각했지요. 이 책을 읽기 전에는, 많은 멸사봉공의 영웅이 그렇듯이 이순신도 마냥 좋은 아버지는 아니지 않을까 하고 조심스레 짐작했습니다. 만약 자신의 권한을 이용해 자식을 특별히 대우하는 게 좋은 아버지의 조건이라면 이순신은 결코 좋은 아버지가 아니지요. 하지만 진심으로 자식을 사랑하고 걱정하는 게 좋은 아버지의 조건이라면 《난중일기》 속 이순신은 분명 훌륭한 아버지입니다.

아버지의 이름으로

이순신은 《난중일기》 곳곳에서 자식들을 언급합니다. 그중 셋째아들 면에 대한 얘기가 많습니다. 그 부분들을 읽을 때마다 아버지로서 아들을 걱정하는 마음이 전해져 먹먹했습니다. 1593년 8월. 전쟁으로 다망했던 이순신은 뒤늦게 면이 깊은 병에 걸렸다는 사실을 알게 됩니다. 며칠만 늦었어도 치료하기 어려웠을 거라는 의원의 말을 전해 듣고는 "매우 놀랍고 한탄스러운 심정을 이기지 못했다. 지금은 조금 생기가 있다고 하니 다행임을 어찌 말로 다할 수 있으랴"며 참담한 심정을 털어놓습니다. 《난중일기》 특유의 담담한 문체를 생각하면 이순신이 당시 얼마나 놀랐는지 가히 짐작할 수 있는 대목입니다.

> 1594년 7월 13일. 종일 비가 내렸다. 홀로 앉아 아들 면의 병세가 어떤가를 생각하고 점을 치니, "임금을 알현하는 것과 같다"는 괘가 나왔다. 무척 길하다. 다시 짚으니, "밤에 등불을 얻은 것과 같다"는 괘가 나왔다. 두 괘가 다 길하니, 마음이 조금 놓였다. 마음이 조금 놓였다….
> _《난중일기》

1년 뒤인 1594년 7월. 이순신의 염려에도 면의 건강은 좀체 나아지지 않습니다. 병이 도져 피를 토하기까지 하지요. 이순신은 약재를 보내면서도 마음을 놓지 못합니다. 걱정된 나머지 직접 점까지 칩니다. 다행히 점괘가 좋습니다. 하지만 안심이 안 되어 다시 칩니다. 두 번째도 점괘가 좋자 그제야 조금 마음을 놓습니다.

우리가 떠올리는 이순신은 매우 냉철하고 이성적인 사람입니다. 그런 그가 점을 치는 모습이 사뭇 낯섭니다. 게다가 《주역》에서는 "재차 삼차 물으면 모독하는 것이니 모독하면 일러주지 않는다"고 했는데, 두 번이나 점을 칩니다. 문무에 밝았던 이순신이 같은 내용으로는 점을 다시 치지 않는다는 기본 원칙을 몰랐을 리 없습니다. 그래서 그의 행동이 더 애틋하게 와닿습니다.

1597년 10월 14일. 밤 두 시쯤 꿈에 내가 말을 타고 가던 중 말이 발을 헛디뎌 냇물 가운데 떨어졌는데 그런 나를 아들 면이 받아 안는 상황에서 꿈을 깨었다. 이것이 무슨 징조인지 모르겠다. 저녁에 어떤 사람이 천안에서 와서 집안 편지를 전했다. 봉투를 뜯지도 않았는데 뼈와 살이 먼저 떨렸다. 마음도 아찔하고 어지러웠다. 겉봉투를 뜯자 둘째아들의 글씨로 '통곡(慟哭)' 두 글자가 쓰여 있었다. 막내아들 면이 전사한 것을 알고 목 놓아 통곡하였다. 하늘이 어찌 이리도 매정하신가. 간담이 타고 찢어지는 것 같다. 내가 죽고 네가 사는 것이 이치에 마땅한데, 네가 죽고 내가 살았으니 어찌 이렇게 어긋난 일이 있는가. 천지가 캄캄하고 한낮의 해조차 빛이 바랬구나. 슬프다 내 아들아, 나를 버리고 어디로 갔느냐. 남달리 영특하기에 하늘이 이 세상에 머물게 하지 않는 것이냐. 내가 지은 죄 때문에 그 화가 너에게 미친 것이냐. 내 이제 세상에 살아 있은들 누구에게 의지할 것이냐. 너를 따라 죽어 지하에 같이 있고 같이 울고 싶건마는, 네 형, 네 누이, 네 어미 또한 의지할 곳이 없기에 아직은 참고 견디며 목숨을 겨우 이어 가련다. 그러나 마음은 이미 죽었고 육신은 껍질뿐이다. 목 놓아 서럽게 울부짖을 뿐이다. 하룻밤이 일 년 같구나.

_《난중일기》

1597년 10월, 이순신은 낙마하는 자신을 아들 면이 받아
안는 꿈을 꿉니다. 그리고 그날 집에서 보내온 서신을 받습니
다. 면이 일본군과 전투를 벌이다 전사했다는 내용이었지요. 당
시에 이순신뿐 아니라 조선의 수많은 부모가 일본군에 자식을
잃었습니다.

탐욕에 인간애로 맞서다

공자는 "부모는 오직 자식이 아플까 봐 걱정이다"고 했습
니다. 부모는 자나 깨나 자식이 아플까 봐 그것만이 걱정이라
는 겁니다. 그러니 자식을 잃은 부모의 슬픔은 말로 표현할 수
없는 것이지요. 자식을 잃어 본 사람만이 그 마음을 안다고 할
정도니까요. 이런 경험 때문에 이순신은 자식을 잃은 백성의 고
통에 깊이 공감할 수 있었을 겁니다. 어쩌면 그는 단지 충신이
어서가 아니라 어쩔 수 없이 자식을 전쟁터로 떠나보내야 했던
자신을 비롯한 수많은 부모 그리고 부모를 잃은 자식들을 위
해 전쟁터로 나아간 게 아닐까요. 하루라도 빨리 전쟁을 끝내
려고 말입니다. 그것이 백성의 슬픔을 줄일 수 있는 방법이니까

요. 그러므로 그의 전투는 국가 간의 대결이 아니라 사람보다 이득을 앞세운 탐욕과 인간애의 대결은 아니었을까 하고 생각해 봅니다.

7부

세계는 무엇일까

정도전:
세상은 저절로 좋아지지 않는다

● 정도전(鄭道傳, 1342~1398년) 조선 시대의 유학자. 호는 삼봉. 고려 말에 태어났다. 스승 이색 밑에서 정몽주와 함께 성리학을 공부했다. 혁명을 일으켜 고려를 멸망시키고, 이성계를 추대해 조선을 건국했다. 토지제도를 개혁하고 신하가 주도하는 재상 정치를 주장했다. '조선의 설계자'로 평가받는다.

1375년 겨울 저녁, 하늘은 맑고 달은 밝아 모든 동물이 휴식에 들어갔다. 이때 마음이라는 물건이 스스로를 신하라 일컬으며 상제께 여쭈었다. "소신은 상제의 명을 받아 사람의 밝은 마음이 되었습니다. 그런데 사람들은 소신을 버리고 물욕을 좇으니 미약한 소신은 고립되어 외로운 지경에 이르렀습니다. (…) 선악의 응보에서도 이치에 어긋나는 일이 많습니다. 하늘의 뜻을 배반하는 자는 장수를 누리고 순응하는 자는 단명하며, 따르는 자는 가난하고 거역하는 자는 부귀를 누립니다. 따라서 세상 사람들은 소신이 하는 일을 비난하며 소신의 명령을 좇지 않고 오직 물욕을 따를 뿐입니다. 상제께서 진실로 백성을 주재하고 있는데, 어찌하여 오래 살고 짧게 사는 것이 이

리 어긋납니까? 주고 빼앗는 것이 어찌 이리 편벽합니까? 소
신이 비록 비루하고 어리석지만 의문이 생깁니다."
_《삼봉집》

정도전이 쓴 단문 〈심문천답(心問天答)〉 중 마음이 질문을
하는 대목을 축약한 것입니다. '심문천답'은 말 그대로 마음이
묻고 하늘이 답한다는 뜻입니다. 1375년 정도전은 집권 세력에
맞선 죄로 유배됩니다.

정도전의 아버지는 오늘날로 치면 법무부 장관에 해당하는
형부상서를 지냈습니다. 정도전은 고위층 자제로 태어나 일찍
이 과거에 급제하여 출세 가도를 달리고 있었지요. 이런 정도전
이 빈촌으로 유배를 당한 겁니다. 정도전은 그곳에서 백성이 살
아가는 모습을 보고는 큰 충격을 받습니다. 처음으로 가난한
백성과 함께 생활하고 그들의 목소리에 귀를 기울이면서 많은
생각을 하게 되지요.

지배층의 곳간에는 곡식이 넘쳐 나는데, 왜 백성은 이토록
굶주리는가? 지배층은 온갖 탐욕을 좇느라 타인을 짓밟고 그
들의 고통을 외면합니다. 반면 백성은 타인의 재화를 탐할 겨를
도 없이 죽어라고 일만 하면서 살아갑니다. 정도전 자신도 국
익을 위해 애썼을 뿐인데 유배되었습니다. 그런데 정작 집권자
들은 더욱 떵떵거리며 살고 있었지요. 과연 이 세상에 정의라는
것이 존재하기는 하느냐고 그는 묻지 않을 수 없었을 겁니다.

이러한 문제의식이 담긴 작품이 바로 〈심문천답〉입니다. 앞서 말했듯이 위 인용문은 마음이 질문을 하는 부분입니다. 동물도 휴식에 들어간 고요한 겨울 저녁, 마음은 스스로 신하를 자처하며 상제에게 묻습니다. 상제는 동아시아 문화에서 하늘을 의인화한 호칭으로, 하느님과 같은 존재이지요.

무심한 하늘을 원망하다

정도전은 인간의 본성을 '하늘이 내린 명령'이라고 표현한 자사의 사상을 계승하고 있습니다. 하늘이 인간에게 마음을 부여합니다. 하지만 인간은 하늘이 부여한 정의로운 마음을 외면하고서 물욕만 좇습니다. 마음이 어찌 외롭지 않겠습니까.

인간이 마음을 외면하는 것보다 더 심각한 것은 하늘의 명대로 옳은 가치를 추구하고 타인과 더불어 사는 사람이 박해받고 단명하고 굶주린다는 사실입니다. 반면 하늘의 명을 내버린 채 탐욕만을 추구하는 자들은 부귀를 누리고 장수합니다. 과연 상제가 존재한다면, 진정 하늘이 인간에게 마음을 부여한 게 맞다면 어떻게 세상이 이렇듯 부조리하고 불공평할 수 있느냐고 마음은 따져 묻습니다.

상제가 말했다. "아! 내 말을 들어 보라. 내가 그대에게 덕을

주어 만물 중에서 가장 영명하고, 나와 나란히 삼재의 호칭을
얻게 했다. 또한 깨우치고 이끌어 그대로 하여금 나아갈 길이
어둡지 않도록 하였다. 내가 그대에게 준 것이 이렇듯 적지
않은데, 어찌하여 그대는 이를 생각하지 않고 스스로 명을 저
버리는가? 바람과 비, 추위와 더위는 내 기의 작용이요, 해와
달은 나의 눈이다. 그대가 한 번이라도 조그만 잘못을 저지르
면 나의 기가 어그러지고 나의 눈이 가려진다. 따라서 그대가
나를 병들게 하는 것이 많았는데, 어찌 스스로 반성하지는 않
고 나를 책망하는가? 나의 큰 힘으로 세상을 덮을 수는 있으
나 싣고 가지는 못한다. 만물을 낳을 수는 있지만 이루게 하
지는 못한다. 추위와 더위, 재난이 일어남에 오히려 사람들에
게 섭섭할 뿐이다. 내가 이를 어떻게 할 것인가? 그대는 바른
도리를 지켜서 내가 부여한 바를 실현하라."

_《삼봉집》

　위 인용문은 마음의 질문에 대한 상제, 즉 하늘의 답변입니
다. 하늘은 사람에게 덕을 주었습니다. 욕망은 생명이라면 모두
갖고 있는 것이지요. 다만 덕성, 가치를 추구하는 품성은 오직
인간만이 갖고 있습니다. 그래서 인간은 천지인, 즉 하늘, 땅과
더불어 세 기둥 중 하나가 될 수 있었습니다. 하늘이 인간을 사
랑해서 하늘과 나란히 서게 한 것이죠. 덕성뿐 아니라 하늘은
인간에게 총명한 인지능력도 부여했습니다. 이렇듯 하늘은 인

간에게 많은 것을 준 겁니다.

하늘이라고 해서 전능하지는 않습니다. 뭇 생명과 인간을 기르고 품어 줄 수는 있지만 인간이 성취하도록 강제하지는 못합니다. 추위와 더위와 재앙은 하늘이 인간을 벌하는 것이 아니라 오히려 인간이 하늘을 아프게 해서 일어나는 증상입니다. 사람 역시 하늘, 땅과 더불어 기둥이기에 이처럼 상호 작용을 하는 것입니다.

하늘은 사람을 사랑해서 많은 것을 주었거늘, 어찌 사람은 자신을 돌아보지는 않고 오히려 하늘을 아프게 하며 원망할까요? 하늘로서는 그저 섭섭할 뿐입니다. 하늘은 인간이 부여받은 바른 도리를 지켜 실현하길 당부하면서 말을 마칩니다.

세상은 하늘이 아닌 인간이 바꾸는 것

〈심문천답〉은 사실 정도전의 자문자답입니다. 정도전은 스스로 묻고 스스로 답을 찾아낸 겁니다. 유배지에서 정도전은 부조리한 세상을 보면서 하늘을 원망했습니다. 그러나 다시 생각해 보니 하늘이 오히려 인간을 원망할 터입니다. 자연재해를 하늘이 인간에게 내리는 벌이 아니라 인간의 올바르지 못한 행동 때문에 하늘이 아파한 증상으로 풀이한 것이 인상적입니다. 하늘을 전능한 존재로 설정하지 않고 인간과 더불어 상호 작용을 하는 존재로 본 것입니다.

정도전은 하늘은 인간을 사랑해서 많은 것을 주었는데 인간이 도리어 하늘을 아프게 하니, 하늘을 탓할 일이 아니라 인간이 스스로를 다잡아야 한다고 봅니다. 세상을 부조리하게 만든 것은 하늘이 아닌 인간 자신이니까요. 자연과 세상을 병들게 한 것이 인간이고, 세상을 바르게 가꾸어 나갈 책무를 지닌 것 역시 인간이라고 깨달은 것이지요.

유배에서 풀려 난 후 정도전은 정치에 복귀했고, 이성계와 함께 고려를 무너뜨리고 새 나라 조선을 세웁니다. 단순히 왕조를 교체한 것이 아니라 백성이 굶주리지 않고 모두 더불어 잘사는 나라, 백성이 근간이 되는 민본 국가를 이 땅에 건설하고자 했습니다. 그 과정에서 몇 번의 죽을 고비도 넘깁니다. 스승, 친구와도 연을 끊습니다. 존경했던 스승과 절친한 벗으로부터 역적이라 비난받고 내쳐집니다.

정도전은 건국 이후에도 소신대로 자신이 꿈꾸었던 나라를 실현하려 애씁니다. 그러다 결국 이방원에게 비극적인 죽임을 당합니다. 조선의 설계자였지만, 조선에서 그는 아주 오랜 시간 역적으로 기억됐습니다. 500여 년이 지난 1872년 고종 때에 이르러서야 겨우 복권되지요. 정도전이 끝내 신념을 굽히지 않고 불꽃같은 인생을 살 수 있었던 것은, 세상을 바꿀 책임은 하늘이 아닌 자신에게 있다는 당당한 믿음 때문은 아니었을까요.

조식 :
정치의 자세

● 조식(曺植, 1501~1572년) 조선 시대의 유학자. 호는 남명. 동갑인 퇴계 이황과 영남유학의 양대 산맥을 이루었다. 사변적인 철학을 배제하고 실천학을 중시했다. 임진왜란 때 활약한 곽재우, 정인홍 등의 의병장이 모두 그의 제자였다.

전하의 일은 이미 그릇되었고 나라의 근본은 이미 망했으며 하늘의 뜻은 이미 떠나 버렸고 민심도 이미 이반됐습니다. 비유하자면, 백 년 동안 벌레가 그 속을 갉아먹어 진액이 이미 말라 버린 큰 나무가 있는데, 회오리바람과 사나운 비가 어느 때에 닥쳐올지 전혀 알지 못하는 것과 같으니, 이 지경에 이른 지가 오랩니다. 조정에 있는 사람 가운데 충성된 뜻 있는 신하와 일찍 일어나 밤늦도록 공부하는 선비가 없는 것은 아닙니다. 그러나 이미 나라의 형세가 극도에 달하여 지탱할 수 없고 사방을 둘러보아도 손쓸 곳이 없다는 것을 알면서도, 낮은 벼슬아치는 아래에서 시시덕거리면서 주색만을 즐기고, 높은 벼슬아치는 위에서 어름어름하면서 오로지 재물만을 늘리며, 물고기의 배가 썩어 들어가는 것 같은데도 그것을 바로잡으려고 하지 않습니다. 게다가 궁궐 안의 신하는 용이 여의주 쥐듯 파벌에 매달리고, 궁궐 밖의 신하는 백성을 벗겨 먹기를 이리가 들판에서 날뛰듯 합니다. 그들은 가죽이 다 해어지면 털도 붙어 있을 데가 없다는 것을 알지 못합니다. 신은 이 때문에 걱정하고 깊이 생각하면서 낮에는 하늘을 우러러보면서 탄식한 것이 여러 차례이고, 크게 한탄하면서 아픈 마음을 억제하며 밤에는 천장을 쳐다본 지가 오래입니다. (…) 죽음을 무릅쓰고 전하께 아룁니다.

_《남명집》

조식은 평생 처사를 자처했습니다. 처사란 벼슬을 하지 않고 공부와 교육에 힘쓰는 선비를 말합니다. 조식은 늘그막에 몇 차례 벼슬을 하사받았지만 모두 사양했지요. 위 글은 명종이 조식에게 단성현감 자리를 내렸을 때 조식이 이를 사양하면서 써 올린 상소문의 일부입니다. 단성현감을 거절했다고 해서 〈단성소〉 혹은 을묘년에 작성해서 〈을묘사직소〉라고도 합니다.

서슬 퍼런 글입니다. 임금의 정치는 잘못됐고, 나라의 근본은 망해 있고, 천심과 민심은 떠났다고 합니다. 그것은 마치 백 년 동안 벌레한테 갉아먹혀 앙상해진 고목이 언제 불어올지 모를 비바람을 앞두고 있는 형국과 같다고 비유합니다. 뜻있는 신하와 선비가 없는 것은 아니지만, 나라가 뿌리부터 썩은 탓에 손쓸 도리가 없다고 합니다. 궁궐에 있는 고위 관리는 파당을 짓고 재물을 긁어모으기에 여념이 없고, 궁궐 밖 하급 관리는 주색잡기에 빠져 마치 들판에서 날뛰는 이리떼같이 백성의 고혈을 쥐어짠다고 비판합니다. 이에 자신은 밤낮으로 나랏일을 걱정한다고 하지요.

여기서는 인용하지 않았지만, 조식은 단성현감 자리를 사양하는 두 가지 이유도 밝힙니다. 첫 번째 이유는 자신은 나이가 많고 능력과 덕망이 부족해서 관직을 감당하기 어렵다는 것입니다. 이는 처사라면 으레 하는 겸양의 말이지요. 두 번째 이유가 본심이라 할 수 있습니다. 위 글에서처럼 나라가 이미 썩을 대로 썩은 탓에 그 옛날 최고의 명신이라 불린 주공과 소공이 설령 살아 돌아온다고 해도 이 시국을 해결할 수 없다는 겁니다. 그러므로 자신이 벼슬을 한들 그저 녹봉이나 축내고 도적질에 가담하는 꼴이 될 뿐이라는 것이지요.

한편 조식은 "죽음을 무릅쓰고 전하께 아룁니다"로 글을 마쳤는데, 이는 빈말이 아닙니다. 명종은 조식의 명성과 인품을 존중해서 과거시험도 치르지 않은 조식에게 몇 차례나 벼슬을 내렸습니다. 그때마다 조식은 거부했지요. 그래서 이번에는 조식이 사는 곳과 가까운 곳에 자리를 만들어 준 겁니다. 벼슬을 하면서도 이전처럼 공부와 교육에 힘쓸 수 있도록 배려해 준 것이지요.

그런데 조식은 이번에도 벼슬을 거부했을 뿐 아니라 심지어 상소문까지 올려 임금을 신랄하게 비판합니다. 조식 사건

이전에 처사 이희안이 명종이 내린 벼슬을 거부한 일이 있습니다. 명종은 분노해 그를 추궁하려고 했습니다. 그런데 조식은 신랄한 비판까지 더했으니 명종이 대노할 법하지요.

실제로 명종은 조식의 상소문을 읽고 크게 분노합니다. 승정원을 이렇게 나무랄 정도였지요.

> 조식은 군신의 의리를 모르는 듯하니 무척 한심하다. 승정원에서는 이와 같은 소를 보았으면 신하로서 마땅히 통분하며 처벌을 주청했어야 할 것인데, 그저 평안한 마음으로 펼쳐 보고 한마디도 아뢰지 않으니, 더욱 한심하다. 이런 사람을 어찌 군신의 명분을 안다고 하여 천거했는가? 임금이 아무리 어질지 못하더라도 신하된 사람으로서 어찌 차마 욕설을 하는가? 이것이 현인군자가 임금을 사랑하고 윗사람을 공경하는 일이라던가?
>
> _《명종실록》

명종은 상소문을 보고도 조식을 처벌하라고 주청하지 않은 신하들까지 모조리 비판한 것입니다. 다행히 처벌만은 면할 수 있도록 여러 신하가 간청한 덕분에 조식은 처벌을 피할 수 있었습니다.

되새겨야 할 선비 정신

조식이 상소문을 올린 시기는 1555년 명종 즉위 10년 차였습니다. 외척이자 권신 윤원형이 실권을 잡고서 뇌물을 바친 사람, 자기 패당인 사람에게 관직을 나눠 주며 국정을 좌지우지할 때였지요. 을묘왜변이 일어난 해이기도 하고요. 조식도 상소문에서 을묘왜변을 언급합니다. 이렇게 나라가 안팎으로 망해 가고 있는 위태로운 시국에 임금이 그저 손 놓고 있음을 꾸짖지요.

사실 조식은 명종이 자신에게 벼슬을 내린 이유를 간파하고 있었을 겁니다. 명종이 국정을 바로잡기 위해서라기보다 자신의 통치를 치장하는 데 조식을 이용하려 했다는 것을 말이지요. 명종에게서 진정성이 느껴졌다면 조식 역시 매몰차게 거절하지만은 않았으리라 생각합니다.

〈단성소〉는 조식을 비롯한 조선 시대 선비들의 서릿발 같은 기상을 잘 보여 주는 글입니다. 국정을 읽는 안목과 나라를 진심으로 걱정하는 마음, 목숨을 걸고서 진실을 말할 줄 아는 강직함 등은 오늘날 우리도 본받아야 할 자세 아닐까요. 특히 정치인들 말이지요.

맹자 : 진정 변화를 원한다면
여러 전략을 구사하라

● 맹자(孟子, BC 372~BC 289년) 중국 춘추전국시대의 철학자. 자사학파에 속한다. 공자처럼 이상을 펼치기 위해 각국의 위정자들을 만나며 주유천하했다. 말년에는 교육에 전념했다. 인간의 본성이 선한다는 성선설을 주장했고, 부국 강병과 패권 정치에 맞서 민본과 애민 정치를 설파했다. 맹자의 언행을 기록한 책《맹자》가 있다.

백성이 제일 귀중하다. 나라는 그다음이요, 군주는 가볍다.
_《맹자》

맹자의 정치사상은 한마디로 말하면 '민본(民本)'입니다. 백성이 가장 귀하고, 그다음이 나라요, 군주라고 할 정도지요. 백성이 있어야 나라도 있고, 군주도 있는 거니까요. 이를 망각하고서 백성을 착취하는 위정자의 행태를 맹자는 증오하다시피 했습니다. 그런 군주들의 마음을 돌리고자 힘썼고요.

이때 맹자는 크게 두 가지 방법을 썼습니다. 논파와 설복. 논파해서 군주의 잘못을 깨닫게 하고, 설복해서 군주 자신에게 백성을 사랑할 수 있는 선한 마음과 능력이 충분함을 일깨워

주려고 했지요. 맹자는 상황과 상대방을 고려하여 이 둘을 적절하게 사용했습니다.

> 맹자가 제나라 선왕에게 물었다. "왕의 신하 가운데 자기 가족을 친구에게 부탁하고서 타국으로 출장을 간 사람이 있습니다. 그런데 돌아와 보니 식구들이 추위에 떨고 굶주리고 있었다면, 그 친구를 어떻게 해야 합니까?" 왕이 답했다. "절교해야 합니다." 맹자가 또 물었다. "관리가 부하들을 잘 다스리지 못하면, 그 관리를 어떻게 해야 합니까?" 왕이 답했다. "파면해야 합니다." 맹자가 이어 말했다. "나라가 잘 다스려지지 않는다면, 그것은 어떻게 해야 합니까?" 그러자 왕이 주위를 두리번거리면서 딴말을 했다.
>
> _《맹자》

맹자의 질문은 정중하면서도 늘 정곡을 찌릅니다. 맹자는 제나라 왕의 잘못을 일깨우기 위해 상황을 가정합니다. 타국으로 잠시 떠날 일이 생겨서 친한 친구에게 가족을 맡겼습니다. 그런데 돌아와 보니, 친구가 가족을 돌보아 주기는커녕 추위와 굶주림 상태로 방치했습니다. 그런 친구라면 절교하는 게 마땅하다고 왕은 대답하지요. 어떤 관리가 부하들을 책임지지 못해 부하들의 원성이 높습니다. 그런 관리는 파면해야 한다고 왕은 대답합니다. 그러자 맹자가 묻습니다. 나라가 잘 다스려지지 않을 때는 어떻게 해야 하느냐고. 앞서 왕의 대답대로라면 당연히 임금을 끌어내려야 하지요. 당황한 왕은 차마 대답을 못한 채 괜스레 말머리만 돌려 버립니다.

이 문답에서 주목할 것이 있습니다. 맹자가 가정한 세 상황 모두 무언가를 '위임'한 경우란 겁니다. 첫 번째는 친구에게 가족을 위임했고, 두 번째는 관리에게 부하를 위임했으며, 세 번째는 임금에게 나라를 위임한 경우이지요. 17세기까지 유럽은 왕권의 당위성을 왕권신수설에서 찾았습니다. 왕의 권력은 신이 부여한 것이니 절대적이라는 논리지요. 그러다 왕권은 신이 준 것이 아닌 인민이 권리를 위임한 것일 뿐이라는 사회계약론이 등장했고, 이 사상이 프랑스혁명 등으로 이어지면서 근대 민주주의 사회가 열립니다. 그런데 맹자는 이미 기원전 4세기에 사회계약론에 가까운 주장을 했습니다. 친구에게 가족을 부탁하고 관리에게 직원을 맡기듯이, 임금에게 나라를 맡겼을 따름이라는 겁니다.

유럽에서 처음 사회계약론을 확립한 홉스는 인민의 저항권을 인정하지 않았습니다. 인민이 권력을 왕에게 위임한 것은 사실이지만 왕이 잘못했다고 해서 이미 위임한 그 권력을 파기할 수는 없다고 주장합니다. 사회계약론으로 왕의 절대 권력을 '세련되게' 포장해 준 셈이지요. 반면 맹자는 위임을 받은 임금이 그 권력을 백성을 위해 쓰지 않는다면, 그때는 친구와 절교하고 관리를 파면하듯이 임금을 끌어내려야 한다고 주장합니다.

한번은 위 대화의 주인공인 제나라 선왕이, 과거 폭군 걸 임금과 주 임금이 폐위된 이야기를 하면서 맹자에게 묻습니다. 아무리 폭군이라도 그렇지, 신하가 자기 임금을 끌어내리고 혁명을 일으키는 게 과연 옳으냐는 것이지요. 맹자의 대답입니다.

> 인의(仁義)를 해치는 사람을 일컬어 강도라고 합니다. 저는 한 갓 강도를 처벌했다는 말을 들었을 뿐, 임금을 시해했다는 말은 듣지 못했습니다.
> _《맹자》

혁명을 옹호한 것이지요. 백성에게 어질지 못하고 의로운 이를 짓밟는 임금은 더는 임금으로서 자격이 없습니다. 임금이 아니라 강도일 뿐이지요. 따라서 혁명은 마땅히 강도를 처벌한 것일 뿐, 신하가 임금을 배반한 것이 아니라는 말입니다. 맹자가 사회계약론과 혁명을 주장한 것은 물론, 그런 이야기를 당시 강대국이었던 제나라 임금 앞에서 당당하게 말했다는 사실이 오늘의 기준으로 보아도 무척 놀랍습니다.

제나라 선왕이 호화로운 궁궐에서 맹자를 맞이했다. 왕이 물었다. "성군도 이 같은 즐거움을 누립니까?" 맹자가 답했다. "물론입니다. 사람은 자신이 지니지 못하면 윗사람을 비난하기 마련입니다. 자신이 지니지 못했다고 해서 윗사람을 비난하는 것도 잘못이지만, 백성의 윗사람이 돼서 백성과 즐거움을 함께하지 않는 것 역시 잘못입니다. 백성이 즐거워하는 것을 즐거워하는 임금이라면, 백성 또한 임금의 즐거움을 즐거워할 것입니다. 백성이 근심하는 것을 근심하는 임금이라면, 백성 또한 임금의 근심을 근심할 것입니다. 천하의 즐거움을 즐거워하고 천하의 근심을 근심하는데, 그런 사람이 천하의 왕이 되지 못하는 경우는 없습니다."

_《맹자》

맹자가 입만 열면 늘 성군이 되어야 한다, 백성을 사랑해야 한다고 주장하니 선왕이 조금 퉁명스럽게 맹자에게 묻습니다. "나는 사치를 좋아합니다. 내 궁궐도 이렇듯 화려합니다. 그런 내가 과연 선생 말대로 백성을 사랑하는 성군이 될 수 있겠습니까? 성군도 이렇게 화려한 것을 즐긴답니까?" 그러자 선왕의 예상과 달리 맹자는 선뜻 그런 취미는 백성을 위한 정치를 펴는 데 아무 걸림돌이 되지 않는다고 답하지요. "괜찮습니다. 지금처럼 화려함을 즐기십시오. 다만 그 즐거움을 백성과 함께하십시오. 원래 사람이란 자신은 가난한데 윗사람이 부유하면 윗사람을 비난하기 마련입니다. 백성이 임금을 비난해서는 안 되겠지만, 임금이 혼자만 부유해서도 안 될 일입니다. 백성이 기뻐함을 기뻐하고 백성이 슬퍼함을 슬퍼하는 임금이라면, 백성 역시 임금의 기쁨을 기뻐하고 임금의 슬픔을 슬퍼할 겁니다. 그러니 임금께서 진정으로 백성을 사랑해서 돌보시고, 백성을 위한 정치를 펼치신다면, 임금의 취미가 조금 호화로운들 백성이 그걸 탓하겠습니까. 오히려 백성은 임금께서 기뻐하시는 것을 비난하기는커녕 함께 기뻐할 것이니, 임금의 기쁨 역시 배가 될 것입니다. 게다가 임금께서는 제나라를 넘어 중국 천하를 통일할 꿈을 갖고 계시지 않습니까? 천하 백성의 기쁨을 기뻐하고 천하 백성의 슬픔을 슬퍼하시기만 하면 됩니다. 그런 성군이라면 천하의 백성이 임금께 천하를 바칠 겁니다.”

위정자에게 논박하고 직설하면 잘못을 깨닫게 할 수는 있지만, 애민의 마음을 갖게 하기는 어렵습니다. 성군이 될 수 있도록 가능성과 포부를 일깨어 주어야 하지요. 그래서 맹자는 논박할 때는 논박하지만, 때에 따라서는 임금을 타일러서 애민의 마음, 선한 용기를 키우도록 합니다. 이 예에서도 맹자는 선왕의 사치하는 취미를 비난하기는커녕, 오히려 백성을 사랑하면 그 취미의 행복이 배가 될 것이라고 말하지요. 더 나아가, 그런 마음가짐이라면 천하의 백성이 감복할 테니 천하 통일도 가능하다고 부추깁니다.

맹자는 이렇듯 도덕적인 당위만을 내세우지 않았습니다. 백성을 사랑하는 정치를 펼 때 실제 어떤 이득이 임금에게 돌아가는지를 보여 주면서 설득했지요. 백성을 사랑하는 마음을 이끌어 내려는 맹자의 간절한 마음이 느껴집니다.

한비자 :
성군보다 시스템이 더 중요하다

● 한비자(韓非子, BC 280~BC 233년) 중국 춘추전국시대의 철학자. 순자의 제자다. 순자와 노자의 철학을 재해석해 법가 사상을 집대성했다. 인의 도덕이 아닌, 엄격한 법 집행을 통해 나라를 다스려야 한다고 보았다. 진나라에서 독살당했으나, 이후 통일된 진나라에서는 그의 사상을 국가철학에 반영했다.

진나라의 임금 평공이 신하들과 함께 술자리를 하던 중 크게 취해 말했다. "이 세상에 군주가 되는 것보다 더한 즐거움은 없도다. 무슨 말을 해도 사람들이 거스르지 않는구나!" 그러자 앞에 앉아 있던 사광이 거문고를 평공에게 집어 던졌다. 평공이 급히 피하면서 거문고가 벽에 부딪혀 부서졌다. 평공이 물었다. "그대는 지금 누구를 친 것인가?" 사광이 답했다. "비뚤어진 소리를 하는 소인배가 있기에 그리했습니다." 평공이 말했다. "그것은 과인이었다." 사광이 다시 말했다. "군주 된 사람으로서 할 말이 아니었습니다." 주변에서 사광을 처벌할 것을 청했으나, 진 평공은 말했다. "용서하겠네. 과인이 경계로 삼을 것이오."

진나라 임금 평공이 술기운에 그릇된 말을 합니다. 군주의 막강한 권력은 백성에게서 온 것이니 마땅히 백성을 위해 그 힘을 써야 합니다. 그런데 그 임무는 잊고서 권력에 취한 채, 해선 안 될 말을 한 겁니다. 그러자 악사 사광이 연주하던 거문고를 평공에게 집어 던집니다. 다행히 평공은 피합니다. 벽에 부딪힌 거문고가 박살이 나고요. 당연히 평공은 화가 났겠지요. 감히 임금에게 일개 악사가 물건을 집어 던진 거니까요. 평공이 지금 누구에게 거문고를 던진 것이냐며 화를 내자 사광은 당당하게 자신은 헛소리를 하는 소인배에게 집어 던진 것뿐이라고 답합니다.

군주로서 해서는 안 될 말을 했으니 그는 더는 군주가 아니지요. 그러니 이는 신하가 군주에게 거문고를 던진 것이 아니라 그저 소인배 하나를 혼쭐낸 것일 뿐이라는 말입니다. 사광의 행위는 물론 반역죄에 해당하는 중죄입니다. 오늘날에도 대통령은 물론, 자신보다 직급이 높은 사람에게 물건을 던지는 일은 상상조차 하기 어려운 행동이지요. 심지어 사광은 한낱 궁중 악사였습니다. 당연히 이 상황을 지켜본 이들이 사광을 처벌해야 한다고 목소리를 높입니다. 하지만 평공은 자신을 반성하는 계기로 삼고 그를 용서합니다.

말 그대로 그 임금의 그 신하입니다. 맹자가 이 이야기를 들었다면, 바람직한 군신 관계라고 평했을 겁니다. 아마 공자라면, 사광은 좀 지나쳤으되 평공은 자기 잘못을 뉘우칠 줄 아는 사람이라고 칭찬하지 않았을까요.

법치를 강조한 이유

그런데 한비자는 이 일화를 달리 봅니다. 그는 혹자의 입을 빌려 이렇게 평하지요.

> 어떤 사람이 말했다. '진 평공은 군주의 도를 잃었고, 사광은 신하의 예를 잃었다.'
> _《한비자》

사광은 신하로서 지켜야 할 법을 어겼고, 평공은 군주로서 집행해야 할 법을 지키지 않았다는 겁니다. 아무리 의도가 옳았더라도 임금에게 거문고를 던진 행위는 분명히 반역죄에 해당한다는 것이지요. 법은 어떠한 경우에도 예외 없이 적용해야 한다는 것이 한비자의 확고한 입장이었습니다. 사광의 뜻이 옳았다고 해서 용서하고 넘어가면, 나쁜 선례를 남기게 되기 때문이지요. 법은 한 번 무너지기 시작하면 막을 수 없습니다. 앞으로도 선의를 내세워 반역을 도모하는 이가 늘어날 것이고, 자연히 국정은 혼란스러워질 겁니다. 또한 국법을 얕잡아 보는 이가 늘어나겠지요. 개인으로서 평공은 사광을 용서할 수 있습니다. 그러나 법을 세우고 집행하는 군주로서 그래선 안 된다는 것이 한비자의 주장이지요. 눈물을 머금고서라도 사광을 처벌했어야 한다고 본 겁니다.

> 한계가 있는 수명으로 끝이 없는 폐습을 바로잡으려 하면 그 성과는 극히 미미할 것이다. 그러나 상벌이 통용되도록 하면 이를 단번에 해결할 수 있다. 천하에 공포하기를 '법을 지키는 자는 상을 주되, 어기는 자는 벌한다'고 하면 된다. 아침에 공포하면 저녁에 폐습이 고쳐지고, 저녁에 공포하면 다음 날 아침에 고쳐질 것이다. 그런데 순임금은 이런 도리로 요임금을 설득해 백성이 법을 준수하도록 하지 않고, 몸소 모범을 보이는 고된 길을 택했으니 이는 법치를 이해하지 못한 탓이 아니겠는가? 몸소 고생하면서 백성을 감화하는 것은 요순 같은 성인도 힘들다. 그러나 권세를 이용해 폐습을 바로잡는 것은 평범한 군주라도 능히 해낼 수 있다.
>
> _《한비자》

요임금과 순임금이 다스렸다고 전해지는 요순시대는 태평성대와 거의 같은 말입니다. 그 정도로 요순은 동아시아에서 성군을 넘어 성인으로 추앙받는 이들입니다. 공자는 '군주는 바람이요, 백성은 풀'이라고 비유했습니다. 바람이 가는 방향으로 풀은 눕기 마련입니다. 군주가 모범을 보이면 백성은 자연히 그를 따르게 되어 있으니, 백성을 처벌할 궁리를 하지 말고, 자기 수양에 전념해야 한다고 본 것이지요. 요순의 통치법은 공자가 말한 것처럼 스스로 모범을 보임으로써 백성을 감화하는 것이었습니다.

성군보다 시스템이 더 중요하다

한비자는 요순의 '감동 정치'의 한계를 지적합니다. 요순 같은 성인, 영웅도 사람인 이상 언젠가는 죽습니다. 일일이 솔선수범하는 것으로 어느 세월에 수많은 폐습을 바로잡을 수 있을까요? 폐습을 다 바로잡기 전에 군주가 먼저 죽겠지요. 게다가 요순 같은 성인이야 본보기라도 보이겠지만, 대부분의 군주는 평범한 보통내기들입니다. 요순시대에는 덕이 높은 사람을 찾아 지위를 선양했지만, 한비자가 살던 시대에만 해도 혈연으로 왕위가 이어졌습니다. 이런 현실에서 요순이나 공자가 꿈꾼 덕치는 결코 실현될 수 없다는 것이 한비자의 분석입니다. 그러므로 군주 한 사람이 성인, 영웅이 되기를 마냥 고대할 것이 아니라, 평범한 군주 누구나 폐습을 고칠 수 있도록 법치에 근거해서 정치를 펴야 한다고 주장한 것이지요.

법치를 강조한 한비자의 주장은 지금도 유효합니다. 민주 사회인 오늘날에도 여전히 많은 사람이 요순 같은 영웅이 나타나 세상의 부조리를 바로잡아 주길 기대합니다. 하지만 소수의 영웅에게 정치를 맡기는 것은 민주주의 원리에 비추어 볼 때 바람직하지 않을뿐더러, 현대 사회는 훌륭한 대통령이 당선되고 국회의원 몇몇이 물갈이된다고 해서 바로 바뀔 만큼 호락호락하지도 않습니다. 그러므로 아무리 최악의 정치인이 집권하더라도 감히 흔들지 못할 민주적이고 평등한 법과 체제의 근간을 확고히 세우는 일이 더 중요하다고 생각합니다.

러셀 :
교과서는 누구의 주장인가

● 러셀(Russell, 1872~1970년) 영국의 현대철학자. 귀족 가문에서 태어났다. 수리
철학, 언어철학, 논리학 등 여러 분야의 철학을 탐구했고 성과도 많이 남겼다.
전문 연구서 외에 사회 비평집과 대중을 위한 철학 에세이도 많이 썼다. 또한
정부를 비판한 죄로 89세에 투옥될 정도로 사회운동에도 헌신했다. "나의 삶
을 사로잡았던 것은 사랑에 대한 동경, 지적 욕구 그리고 인류의 고통에 대한
참을 수 없는 연민이었다"는 말이 널리 회자되었다.

노예의 악덕을 피하기 위해 귀족의 악덕을 아이들에게 습득시
키는 것은 바람직하지 않다.
_《게으름에 대한 찬양》

　보수, 진보냐 하는 정치적 성향에 따라서도 교육을 바라보
는 관점이 크게 다릅니다. 예를 들어 대체로 보수적인 사람들
은 교권을, 진보 쪽에서는 학생 인권을 더 중요시하지요. 러셀
의 표현을 빌리면, 보수는 노예의 악덕을, 진보는 귀족의 악덕
을 심어 줍니다. '노예의 악덕'은 노예가 내면화하기 쉬운 그릇
된 품성들을 말하는데 복종, 굴복, 비굴, 자기주장 없음, 소신

없음 등이 그 예입니다. 반대로 '귀족의 악덕'은 귀족이 흔히 갖게 되는 잘못된 품성들인데 방종, 고집, 무절제, 무반성, 배려 없음 등이지요.

교육할 때 교사와 학생의 위치를 구분하고 수직적 관계를 고수하면, 학생들은 노예가 되기 쉽습니다. 교사는 말하기만 하고 학생은 듣게만 됩니다. 교사가 주입하는 것을 학생은 그저 외우고 충실히 따르려고 합니다. 어려서부터 이런 교육을 받은 학생들은 성인이 돼서도 이 상태에서 벗어나기 어렵습니다. 말 잘 듣는 회사원, 집단의 논리에 충실한 구성원이 되기 십상이지요.

반면 학생의 자유와, 학생과 교사의 수평적 관계를 지나치게 중시하면, 학생들은 귀족의 악덕을 품게 될 수 있습니다. 학생이 수업을 듣지 않는다면, 교육 자체가 성립하지 못합니다. 가르치고 배우면서 성장한다는 '교학상장(敎學相長)'은 결코 수정돼서는 안 될 교육의 표어이지만, 우선 교사는 가르치고 학생은 배우는 것이 기본 순서입니다. 이것이 무너져 학생과 교사가 똑같은 선상에서 논쟁만 한다면, 교육을 통한 성장과 변화의 가능성 자체가 사라질 테니까요. 그 자리에는 방종과 무반성이 싹틀 테고 말입니다.

무엇을 가르칠 것이냐가 더 중요

그런데 보수가 노예의 악덕을, 진보가 귀족의 악덕을 키운다는 말은 거꾸로 보면, 보수는 귀족의 악덕을, 진보는 노예의 악덕을 제지한다는 의미이기도 합니다. 각각 장단점을 지닌 셈이지요. 그렇다면 둘을 종합하거나 아예 진보, 보수라는 구도 자체를 해체하면 어느 정도 의미 있는 해답을 찾을 수 있지 않을까요?

오늘날 교사들은 그가 생각하는 것을 가르치는 것이 그의 기능이 아니고, 그의 고용주들이 유용하다고 생각되는 그런 신념과 편견을 주입시키는 것이 그의 기능이라는 것을 각성하도록 만들어질 가능성이 높다.
_《인기 없는 수필》

주입식 교육이 마치 오늘날 교육 문제의 원흉처럼 비난받지만, 주입식 교육 자체는 큰 잘못이 없다고 봅니다. 주입식 교육의 전형적인 교수법이 강의지요. 교사는 칠판에 가르칠 내용을 쓰고 자료 등을 활용해 수업한 후 학생들의 질문에 답을 해주는 것이 일반적입니다. 이것이 우리가 흔히 떠올리는 교실이나 강의실 안의 풍경이지요. 이런 교수법이 문제라고 해서 모든 수업을 모둠 토의 방식으로 진행할 수는 없지 않을까요?

교육 문제의 본질은 교육 방식이 주입식이냐 아니냐가 아니라 무엇을 가르치느냐가 아닐까 싶습니다. 즉 '어떻게 가르칠 것인가?' 하는 물음 전에 '무엇을 가르칠 것인가?'에 주목해야 한다는 겁니다. 러셀 역시 교육의 내용에 주목합니다.

　　학교 교육은 국가가 관장합니다. 국가가 교육 과정을 결정하고 교과서 집필 시 가이드라인도 제시하지요. 대다수 교사의 채용 권한도 갖고 있습니다. 오늘날 교사는 스승이기 전에 국가 혹은 사립 교육기관에 고용된 직원입니다. 그래서 자기 소신대로 교육하기보다 고용주인 국가가 바라는 신념과 가치관에 입각해 교육을 하게 됩니다. 일부로 국가의 입장을 주입하려고 노력하는 교사도 있겠지만, 사유가 부족해 자신도 모르게 국가와 정권의 입장을 그대로 이식시키는 교사도 많습니다. 이를테면 교과서의 문제점을 전혀 간파하지 못한 채 교과서대로 충실히 가르치기만 하는 것이지요. 문제가 많은 교과서를 주입식으로 가르치든 토론 방식으로 가르치든 잘못되기는 매한가지일 듯합니다. 먼저 무엇을 가르칠 것인지 묻고, 방법론은 그 뒤에 고민해도 늦지 않으리라 생각합니다.

브레히트 :
역사는 모든 이를 기록하지 않는다

● 브레히트(Brecht, 1898~1956년) 독일의 시인 겸 극작가. 마르크스주의자. 사회 부조리와 나치즘을 비판하는 글을 썼다. 의도적으로 관객의 극 몰입을 방해하는 '낯설게 하기'란 극 기법을 고안한 것으로 유명하다. 노자, 백거이, 소동파에 대한 글을 쓰는 등 동아시아 사상에도 관심이 깊었다.

일곱 개의 문을 가진 테베를 누가 지었는가?

책에는 왕들의 이름이 적혀 있다.

왕들이 돌덩이를 날랐을까?

그리고 저 여러 번 파괴되었던 바빌론

누가 계속 바빌론을 건설했는가? 건축 노동자들은

황금빛 도시 리마의 어떤 집에서 살았던가?

만리장성이 다 만들어진 날 저녁 벽돌공들은

어디로 갔던가? 위대한 로마는

개선문으로 가득 차 있다. 누가 개선문을 세웠는가? 로마의

　황제가

정복한 것은 누구였는가? 인구에 계속 회자되는

비잔틴에 거기 거주자들의 궁전만 있었겠는가? 전설적인
　　아틀란티스에서는
바다가 덮친 날 밤 물에 빠진 자들이
노예를 찾으며 울부짖었다 하는데.

젊은 알렉산더는 인도를 정복했다.
혼자서 했을까?
카이사르는 갈리아를 무찔렀다.
적어도 요리사 하나쯤은 데리고 있지 않았을까?
스페인의 필리프 왕은 무적함대가 몰락했을 때
울었다. 필리프 왕만 울었을까?
프리드리히 대왕은 7년 전쟁에서 승리했다. 그 말고
승리한 자가 없었을까?

책의 모든 페이지마다 승리가 나온다.
승리의 향연을 누가 차렸는가?
10년마다 위대한 자가 나온다.
거기에 드는 비용을 누가 댔는가?

수많은 목록.
수많은 의문.
_〈책을 읽는 노동자의 의문〉

우리는 대체로 인물 중심으로 역사를 배워 왔습니다. 정확히 말하면, 영웅 중심으로 공부했지요. 북벌은 광개토대왕의 업적이고, 불국사와 석굴암을 지은 것은 김대성이며, 수원 화성을 건축한 것은 정조, 정약용, 채제공이라고 배웠습니다. 그러나 민중이 없었다면 그들은 결코 그런 업적을 쌓을 수 없었을 겁니다.

일찍이 이를 인식한 이순신은 "호남이 없었다면 나라도 없었을 것이다"는 말을 남겼습니다. 여기서 호남은 단지 지역을 일컫는 것이 아닙니다. 전라좌수사인 자신과 함께 왜적과 맞서 싸운 수많은 호남 지역의 백성을 가리킵니다. 이순신이 나라를 지킨 것이 아니라, 함께 전장에 나간 백성이 나라를 지켰다는 깊은 뜻이 담긴 말이지요. 그래서 이순신은 《난중일기》에 관직 없는 여러 군졸의 이름을 기록해 놓기도 했습니다.

역사 속 영웅은 대부분 지배계급이거나 영웅적인 업적을 인정받아 지배층이 된 이들입니다. 이들 위주로 역사를 공부하다 보면, 지금의 현실을 인식할 때도 자신의 입장이 아닌, 현재 지배층의 시각에서 사회를 바라보게 됩니다. 태정태세문단세(태조→정종→태종→세종→문종→단종→세조)···. 국왕을 중심으로 역사를 공부해 온 사람은 현실에서도 대통령과 고위 정치인들의 입장에서 상황을 판단하지 않을까요.

역사는 강자의 기록물

사람들이 역사책과 역사소설을 즐겨 읽는 이유 중 하나는 당대의 상황에 몰입할 수 있어서일 겁니다. 주인공인 지배층 영웅에 자신을 이입시킬 수 있어서는 아닐까 하고 생각해 봅니다. 현실 속의 자신은 학교나 직장에서 하루하루 시달리면서 보내지만, 역사를 읽을 때만큼은 천하를 호령하는 영웅이 되어 있는 거니까요. 물론 이런 생각은 역사적 상상력을 키워 줄 뿐 아니라 일상에 활력도 불어넣어 줄 수 있다는 점에서 긍정적입니다. 하지만 역사를 자꾸 영웅의 입장에서 사유하게 하는 단점도 있지요.

몇 년 전 개봉해 화제를 모은 영화 〈사도〉를 예로 들어 보겠습니다. 〈사도〉는 영조와 아들 사도세자 간의 불화를 다루었습니다. 영조는 적자가 아닌 데다 경종을 독살해 왕좌에 올랐다는 의혹도 받았습니다. 정통성이 약하니 늘 불안했을 겁니다. 이 때문에 42세 늦은 나이에 어렵게 얻은 아들에게 많은 것을 기대하게 되지요. 자신이 죽으면 어린 나이에 왕위에 오를 가능성도 커 아들이 좀 더 빨리 임금의 자질을 갖추기를 바라고요.

하지만 아버지의 조바심과 기대감에 아들은 숨이 막힙니다. 서서히 갈등이 불거집니다. 결국 그 갈등은 아들이 뒤주에 갇혀 죽음으로써 끝나지요. 〈사도〉는 사도세자의 관점에서 부자간의 갈등을 섬세하게 그려 냈습니다. 영화를 본 많은 관객과 평론가가 사도세자를 동정했습니다.

그런데 영화에는 이런 장면도 있습니다. 극심한 스트레스에 시달리던 사도세자가 아무 죄 없는 내시를 칼로 베어 죽이는 장면입니다. 아마 누군가는 얼마나 힘들었으면 그런 광기까지 보였겠느냐며 안타까워했을 겁니다. 그런 시각은 영화를 사도의 관점에서 보았기 때문은 아닐까요. 만약 죽은 내시의 입장에서 영화를 다시 제작한다면, 그때는 사도를 동정하지 않으리라고 생각합니다.

실제 기록에 따르면, 사도세자는 죄 없는 궁녀와 내시 수십 명을 별 이유 없이 죽였습니다. 왕실의 입장에서 사도세자는 비운의 인물일지 몰라도 민중의 입장에서는 일말의 동정도 베풀기 어려운 악인에 불과할지 모릅니다.

요즘은 영웅, 지배층 중심의 역사에서 많이 벗어나고 있습니다. 하지만 아직 갈 길이 멀어 보입니다. 브레히트의 시처럼 역사책을 읽을 때 의식적으로라도 질문을 던져 보면 좋겠습니다. 지배층이 아닌 민중의 시각에서 말이지요.

8부

잘 살려면 어떻게 해야 할까

노자 :

규정하는 순간 삶이 지루해진다

● 노자(老子, ?~?) 중국 춘추전국시대의 철학자. 실존 인물인지에 대해선 아직
도 논란이 있다. 기록에 따르면 주나라 도서관의 관리로 근무했다. 《노자》(《도
덕경》이라고도 부른다) 한 권만을 남긴 채 은거했다고 전한다. 노자의 사상은 주
류 철학으로 채택된 적은 거의 없지만, 대안 사상으로 서민과 비주류 지식인
층에서 꾸준히 이어져 왔다.

도를 도라고 말하면 늘 그런 도가 아니다.(道可道非常道)
_《노자》

길을 걷다 한번쯤 일명 '도를 아십니까?'로 불리는 집단의
분들을 만난 적이 있을 겁니다. 이분들은 조선 말 실존 인물인
강증산을 숭상하는 종교의 신자들인데, 너무 열심히 포교 활동
을 벌이는 탓에 불편함을 호소하는 사람이 꽤 많지요. 이런 시
선을 의식해서인지 요즘은 대놓고 도를 언급하지는 않는 듯합
니다.

이들과는 별개로 동양철학에서 도란 무엇인가라는 질문은
무척 중요합니다. 자사는 도를 '하늘이 부여한 본성을 좇는 것'

이라 정의한 반면, 노자는 도를 무엇이라 정의하고 규정하는 것 자체를 거부합니다. '도는 이것이다'고 언어로 규정하는 순간, 이미 그것은 도가 아니라는 거지요.

'도는 A다'고 말하는 순간 도는 A에 갇힙니다. A가 아닌 것은 도가 아니게 됩니다. 그런데 도는 그렇게 한정할 수 없는 것이지요. 도가 없는 곳이 없으며 도 아닌 것이 없으니까요. 만일 노자가 "도를 아십니까?"라는 질문을 받게 된다면, "도를 도라고 말하는 순간 그건 도가 아닙니다. 당신이 도가 무엇이라고 내게 설명하는 순간 이미 그것은 틀린 것이 됩니다"면서 무안을 주지 않았을까요.

인용문은 《노자》의 첫 문장인데 '도(道)'가 세 번이나 반복됩니다. 그래선지 무척 심오해 보입니다. 하지만 다른 종교나 철학에서도 가장 높은 차원의 것에 대해서는 규정하기를 꺼립니다. 이를테면 기독교에서 여호와는 스스로를 'I AM WHO I AM(《출애굽기》)'이라고 합니다. 이는 '나는 나다' 또는 '나는 스스로 존재하는 자다'로 해석되는데, 이 역시 규정과 설명을 거부하는 것이지요. 도를 언어화할 수 없다는 노자의 말과 통합니다.

규정하는 순간 갇힌다

노자 철학의 핵심은 그 다음 구절에 있습니다.

이름을 지어 부르면 늘 그러한 이름이 아니다.(名可名非常名)

다른 종교와 사상에서는 절대자에 대해서는 규정을 삼가는 반면 그 외의 인간을 포함한 자연 만물에 대해서는 규정하는 것을 넘어 평가하고 강제합니다. 절대자의 명령으로 규칙과 금기를 만들고 따르라고 하지요. 하지만 노자는 도가 규정될 수 없고 규정해서도 안 되듯이, 자연 만물 역시 그러하다고 역설합니다. 여기에서 '이름'은 자연 만물을 가리킵니다. 이름을 짓는다는 것은 만물을 규정한다는 뜻이지요.

이름은 분리하고 규정하려는 의도를 갖고 있습니다. 예를 들어 내가 '여성'이라 명명되고 호명되는 순간부터 타인도, 나도 '나'를 '여성'으로 인식하게 되지요. '무엇'과 '무엇다움'은 쌍둥이입니다. '여성'이라 불리고 인식되는 순간부터 '여성다움'이 부여되니까요. 물론 남성도 마찬가지고요. 이러한 여성다움과 남성다움의 규정은 나다움을 질식시킵니다. 여성은 자신의 특성 중에서 여성답지 못한 것을 미워하게 되고, 남성도 그리하게 됩니다.

따라서 노자라면 남성과 여성으로 이름 붙이지 말라고, 그래서 남성다움과 여성다움을 벗어 버리라고 할 겁니다. 젠더만이 아닙니다. 나이의 많고 적음으로, 인종과 국적으로, 그 무엇으로도 자신과 타인을 규정하지 말라고 하지 않을까요. 그것들을 벗어 던져야 내가 나답게, 네가 너답게 주체적인 존재로서 자신의 삶을 향유할 수 있을 테니까요.

시인 김춘수가 〈꽃〉에서 "나의 이 빛깔과 향기에 알맞은 누가 나의 이름을 불러다오. 그에게로 가서 나도 그의 꽃이 되고 싶다"고 노래했다면, 노자는 "빛깔과 향기로도 가를 수 없는 모든 것의 이름을 놓아 다오. 벚꽃도 무궁화꽃도 그냥 꽃이고 싶다"고 노래하지 않을까요.

만물의 근원인 도가 그러하듯이 만물은 각자 자유로워야 합니다. 신에게서 불을 훔쳐 온 프로메테우스처럼 노자는 절대자에게만 허락됐던 'I AM WHO I AM'을 인간에게 선사했습니다.

세상보다 자신을 사랑한다면 세상을 맡길 수 있다. 반면 자신을 바쳐 세상을 사랑하려 든다면, 어찌 세상을 맡길 수 있겠는가?
_《노자》

자신을 바쳐 세상을 사랑하려 드는 사람이 있고, 세상보다 자신을 더 사랑하는 사람이 있습니다. 자신을 바쳐 세상을 사랑하려 든다는 것은, 세상이 자신에게 부여한 이름과 '이름다움' 즉 규정과 규범을 충실히 따르는 사람을 말합니다. 충신과 열녀를 떠올리면 이해하기 쉽겠지요. 반면 세상보다 자신을 더 사랑한다는 것은, 그런 규정과 규범을 따르지 않는 사람을 말합니다. 세상이 부여한 '이름다움'을 버리고 나다움을 좇으니 자신을 더 사랑한다는 것이지요.

노자는 자신을 바쳐 세상을 사랑하려 드는 사람에게 세상을 맡겨서는 안 된다고 합니다. 그는 세상의 규범에 종속된 사람이니, 변화를 기대할 수 없기 때문이지요. 자신이 극의 역할에 충실하듯이, 타인도 그리해야 한다고 강제할 가능성이 큽니다. 그래서 세상보다 자신을 더 사랑하는 사람에게 세상을 맡겨야 한다는 겁니다. 그는 자신이 자유로운 것처럼 타인도 자유롭기를 바랄 테니까요. 기존의 규범을 강화하는 것이 아니라 자신이 꿈꾸는 가치를 구현해 나갈 겁니다.

● 베이컨(Bacon, 1561~1626년) 영국의 근대철학자. 국왕의 최측근이었고 대법관을 역임하는 등 출세 가도를 달렸다. 경험과 관찰을 통한 지식 확장을 주장했다. 이러한 생각은 이후 영국 경험론으로 확립됐다. 과학적 사고를 강조함으로써 과학 발전에도 기여했다.

학문이 진보하지 못한 하나의 유력한 원인은 연구의 목표가 제대로 설정되지 못했다는 것이다. 연구 목표가 모호한 상태에서 무슨 진보가 있겠는가? 학문의 진정한 목표는 여러 가지 발견과 발명을 통해 인간 생활을 풍부하고 윤택하게 하는 것이다. (…) 학문에 대한 순수한 사랑을 갖고서 학문 그 자체를 위해 탐구하고 있는 사람이 있다고 해도, 이것은 엄격하고 정밀한 진리 탐구라기보다는 다양한 학설에 대한 고찰에 불과하다.

_《신기관》

베이컨은 "아는 것이 힘이다"는 유명한 말을 남긴 철학자이지요. 이 말은 베이컨 사상의 특징을 잘 보여 줍니다. 베이컨은 당시의 학문이 새로운 지식을 생산해 내지 못한 채 제자리만 맴돌고 있다고 비판했습니다. 베이컨이 보기에, 학자들은 기껏해야 학문에 대한 열정만 있는 사람들이었습니다. 학문을 통해 성취해야 할 궁극적인 목표는 망각하고 있다고 본 것이지요.

학문은 단지 지적 열정과 탐구욕을 충족시키기 위해 존재하지 않습니다. 학문 자체가 숭고해서 연구하는 것도 아니지요. 학문의 궁극적 목표는 사람들의 생활을 더 윤택하게 하려는 데 있다고 베이컨은 강조합니다. 그러므로 학자들은 과거의 연구를 반복할 것이 아니라 새것을 창조해 내야 한다는 지적입니다. 기존의 것을 검토하고 고찰하는 것을 넘어 직접 경험하고 실험해서 새로운 사실을 발견하고 발명해야 한다는 것이지요.

그런데 베이컨 시대의 학자는 대부분 사물을 직접 만지고 관찰하는 실질적 연구를 천시했습니다. 그런 일은 학자의 체면을 깎는 것이고, 사물을 가까이 경험할수록 물체의 물성이 사람의 인성을 흐려 놓는다고 생각했습니다. 반면 고전 학문을 우상화하고 맹목적으로 추종하는 현상은 극심했습니다. 베이컨은 이러한 학계의 편견을 독단이자 적폐라고 본 것이지요.

인간의 발목을 잡는 우상들

인간의 지성을 고질적으로 사로잡고 있는 우상과 그릇된 관념들은 인간의 정신을 혼미하게 할 뿐만 아니라 우리가 얻을 수 있는 진리조차도 얻을 수 없게끔 한다. 그러므로 인간이 모든 가능한 수단을 동원해 치밀하게 그러한 우상들로부터 자신을 지키지 않는 한, 학문을 혁신하려고 해도 곤경에 빠지고 말 것이다.

_《신기관》

더 나아가 베이컨은 학문 연구를 가로막는 종족, 동굴, 시장, 극장 이 네 가지 우상을 혁파하라고 주장했습니다. 우상들은 잘못된 관념이나 편견을 말합니다. 하나씩 살펴보겠습니다. 첫 번째 '종족의 우상'은 인간 종의 본질적 성향에서 비롯된 우상입니다. 우리는 인간이므로 인간 중심적입니다. 인간의 기준에서 세상을 이해합니다. 쉬운 예로 동물의 세계를 인간의 사회에 비추어서 분석하려고 하지요. 동물의 뜻 없는 행동도 인간의 행위에 빗대 해석해 버립니다. 또 외계인을 떠올려 보십시오. 영화나 만화 등에서 그려지는 외계인은 인간과 모습이 비슷합니다. 지구 밖의 생명체도 인간과 닮았으리라는, 지극히 인간 중심적인 추측 아닐까요. 외계'인'이라는 말에 이미 그런 생각이 내포돼 있는 듯합니다.

그렇다고 해서 베이컨이 인간 중심적인 가치관을 나쁘게 본 것은 아닙니다. 학문의 목표가 인간의 생활을 윤택하게 하는 데 있다고 말한 것만 봐도 그렇지 않았다는 것을 알 수 있습니다. 도리어 베이컨은 그 목표를 이루기 위해 자연을 철두철미하게 분석해 이용해야 한다고 보았지요. 그래서 훗날 베이컨은 오늘날 현대 사회에 만연한 자연 파괴라는 병폐의 씨앗을 뿌린 철학자로 비판받기도 합니다.

베이컨이 '인간 중심주의'를 우상으로 지목한 이유는, 인간 중심적인 사고가 자연을 객관적으로 분석하는 데 걸림돌이 되었기 때문입니다. 주관을 버리고 객관적으로 자연을 바라봐야 제대로 분석, 파악할 수 있고, 그래야 자연을 이용해서 인간 우위의 세상을 만들 수 있으니까요.

두 번째 '동굴의 우상'은 개인 각자가 갖고 있는 편견을 말합니다. 사람은 살아온 환경, 경험과 교육 내용에 따라 다양한 편견을 갖고 있습니다. 예를 들어 철학자 쇼펜하우어는 유년 시절 어머니와 관계가 나빴던 탓에 평생 여성을 혐오합니다. 쇼펜하우어처럼 어떤 특정한 경험 때문에 편견을 고수하는 사람들을 주변에서 어렵지 않게 볼 수 있습니다. 이런 모습은 평생 동굴에서 살아 동굴 내부가 세계의 전부인 양 착각하는 사람과 같습니다.

세 번째 '시장의 우상'은 언어가 불러일으키는 오해나 편견을 말합니다. 인간은 언어를 통해 사유하지만, 거꾸로 언어에 의해 사유가 결정되기도 합니다. 예를 들어 '고조선'은 이성 계가 세운 조선과 구별하려고 후세 사람이 임의로 '고(古)' 자를 붙였을 뿐 원래 국호는 조선이었습니다. 그런데 고조선이라고 부르니, 많은 사람이 고조선의 실제 국호가 고조선이라 착각합 니다.

또 불과 몇십 년 전만 해도, 동성동본은 물론 본관이 달라 도 성씨가 같으면 결혼을 꺼리는 문화가 팽배했습니다. 예를 들어 전주 이씨와 경주 이씨 간에 결혼을 만류했지요. 하지만 우연히 같은 글자를 쓸 뿐, 둘 사이에는 아무런 혈연관계가 없 습니다. 게다가 성씨 문화 자체가 부계만을 나타내기에 혈연을 대표할 수도 없고요.

네 번째 '극장의 우상'은 권위, 전통, 관습이 만들어 내는 편 견을 말합니다. 권위자의 말을 맹신하는 것, 전통과 관습을 의 심 없이 믿고 따르는 것에서 생기는 그릇된 선입견을 말하지요. 권위 있는 사학자의 주장이라서 그대로 믿었는데, 나중에 고증 을 통해 그것이 틀렸다는 걸 뒤늦게 알게 된 경우가 아주 많습 니다. 한 집단의 잘못된 전통이나 사라져야 할 관습이 무비판 적으로 계승되는 경우 역시 수두룩합니다. 베이컨은 권위와 전 통을 극장에서 공연되는 각본에 비유했습니다. 각본은 그럴듯 하지만 결국은 작가가 만들어 낸 허구지요.

베이컨은 이 우상들을 깨부수고 그 대신에 과학적인 사고 를 갖추라고 주장합니다. 여러 학문 중에서 특히 과학이 사람의 생활을 윤택하게 하는 데 필요하다고 생각했기 때문이지요. 그래서 기존 논리학의 삼단논법의 한계를 지적하고 그 대신에 귀납법을 제시했습니다. 귀납법은 관찰과 실험 등 경험적 연구를 통해 새로운 정보를 얻고 이 정보를 인간의 사유 과정을 거쳐 하나의 지식으로 체계화하는 연구 방법을 일컫습니다. 이는 인문학보다는 자연과학 연구법에 가깝지요. 귀납법 같은 사상적 기반 덕분에 이후 유럽은 산업혁명 등 비약적인 과학 발전을 이룰 수 있었습니다.

석가모니 :

충만해지고 싶다면 버려라

● 석가모니(釋迦牟尼, BC 563~BC 483년) 고대 인도의 사상가. 불교의 창시자. 인도 카필라국의 왕자로 태어났으나, 일찍이 인생에 대한 회의를 품고 이 문제를 풀기 위해 구도자가 되었다. 35세에 깨달음을 얻었고, 이후로는 각지를 떠돌면서 설법과 교화에 힘썼다. 카스트 제도를 부정하고, 여성 성직자 제도를 도입하는 등 평등사상을 펼쳤다. '깨달은 자'라는 뜻의 붓다라 불린다.

붓다가 물었다. "라훌라여, 그대는 어떻게 생각하는가? 세계는 영원한가 무상한가?" 라훌라가 답했다. "무상합니다." 붓다가 물었다. "그러면 무상한 것은 만족스러운가 만족스럽지 못한가?" 라훌라가 답했다. "만족스럽지 못합니다." 붓다가 물었다. "무상하고 불만족스럽고 변화하는 법을 '이것은 내 것이고 이것이야말로 나이며 이것은 나의 자아다'고 하는 것은 옳은가?" 라훌라가 답했다. "옳지 않습니다."

_《아함경》

석가모니는 세 가지를 묻습니다. '세계는 무상한가?', '무상한 것은 만족스러운가?', '무상하고 불만족스러운 것을 '나'라고 할 수 있는가?'. 셋은 각각 무상(無常), 고(苦), 무아(無我)에 대응합니다. 무상, 고, 무아를 묶어 '존재의 세 가지 특성' 즉 삼특상이라고 하는데, 석가모니 세계관의 핵심을 이루지요. 순서대로 하나씩 살펴보겠습니다.

> 비구들이여, 형성된 모든 것은 무상하다. 형성된 모든 것은 영속하지 않는다.
> _《아함경》

먼저 무상입니다. 무상이 흔히 '인생무상'에 쓰여 인생의 덧없음, 허무함을 말한다고 생각하는데, 영 틀린 풀이는 아니지만 정확하다고 보기도 어렵습니다. 무상의 정확한 뜻은 '고정된 것이 없음'입니다. 세상에 고정된 것은 없지요. 늙고 죽지 않는 목숨은 없고, 변화하고 소멸하지 않는 것도 없습니다. 야은 길재는 고려의 옛 도읍지 개성을 돌면서 "산천은 의구하되 인걸은 간 데 없다"고 탄식하지요. 자연은 그대로인데 인간사는 변해가니까요. 하지만 산천 역시 언젠가는 사라진다는 점에서 세상에 변하지 않는 것은 없다고 봐야 할 겁니다. 그러므로 무상의 본뜻은 형성된 것들은 변화하기 마련이고, 영원불변한 것은 결코 존재하지 않는다는 것이지요.

내 것이 아닌 것은 놓아 버려라

감각과 느낌에는 세 가지가 있다. 벗이여, 즐거운 것, 괴로운
것, 즐겁지도 괴롭지도 않은 것이다. 그러나 이 세 가지 경험은
모두 무상하다. 그리고 무상한 것은 무엇이나 불만족을 일으
키는 것임을 알 때 그들 경험에 대한 집착이 일어나지 않게 된
다.

_《아함경》

고를 설명합니다. 고는 한자 뜻 그대로 풀이해 '괴로움'으
로 알아 왔습니다. 실제로 괴로움을 내포하고 있기는 합니다.
하지만 고의 본뜻은 괴로움보다는 '불만족'에 가깝습니다. 보
통 불만족하면 괴롭지만, 불만족이 곧 괴로움 자체는 아니지요.

석가모니는 인간의 느낌을 크게 즐거움, 괴로움, 즐거움도
괴로움도 아닌 것 셋으로 구분합니다. 그런데 이 셋은 모두 영
원하지 않고 무상하지요. 즐거움이나 괴로움을 느끼게 된 어떤
경험이 있습니다. 예를 들어 시험에 합격했습니다. 당연히 뛸 듯
이 기쁩니다. 하지만 그 즐거움은 계속되지 않습니다. 언젠가
식습니다. 그런 점에서 무상한 것이지요. 괴로운 감정 역시 마
찬가집니다. 언젠가는 지나갑니다.

무상한 것은 불만족을 일으킵니다. 사람의 욕심은 끝이 없
습니다. 사람은 무언가를 소유하고, 성취하고 싶어 합니다. 언

젠가 죽게 되는데도 말입니다. 아무리 큰 권력과 재산과 명예를 얻어도 무상하기 때문에 결국 불만족할 수밖에 없습니다. 즐거움이든 괴로움이든 불만족으로 이어집니다. 괴로움은 물론 즐거움 또한 언젠간 소멸되니 온전한 즐거움이 되지 못하는 것이지요.

> 무상해서 불만족스러운 것은 무엇이건 무아다. 그리고 무아인 것은 내게 속한 것이 아니며, 내가 아니며, 나의 자아가 아니다. _《아함경》

무아를 설명합니다. 무아는 '독립된 실체라고 이를 만한 '나'가 존재하지 않음'을 뜻합니다. 석가모니는 무상하고 불만족하기 때문에 무아라고 말합니다. 내 것이라고 주장하려면 내가 주재할 수 있어야 합니다. 하지만 내 마음대로 작동할 수 없는 것은 내 것이 아니지요.

우리 몸을 보십시오. 내 몸이니 당연히 내 것이라 여기지만, 정말 그런가요? 팔을 움직이려고 마음먹으면 팔을 움직일 수 있고, 고개를 끄덕이려면 끄덕여집니다. 하지만 늙고 싶지 않은데도 몸은 늙고, 아프지 않고 싶은데도 몸은 병듭니다. 심지어 마음도 그렇습니다. 이를테면 시험 전날 나는 공부에 집중해야 합니다. 그런데 마음은 놀고 싶고 자고 싶어 합니다. 결국 나는 그 마음에 굴복해 공부하는 대신 놀거나 자고 맙니다.

이렇게 나는 내 몸도 마음도 온전히 주재하지 못합니다. 이렇게 보면 '진정한 나', '내 것'이라고 내세울 만한 것이 과연 있을까요? 석가모니는 없다고 답합니다. 이것이 바로 무아입니다. 세상에는 이것이 있으므로 저것이 있고, 저것이 있으므로 이것이 있습니다. 홀로 존재하는 것이 없습니다.

내가 나의 마음과 몸을 주재할 수 없고 그래서 '진정한 나'가 아닌 이유는, 내 마음과 몸이 독립된 실체가 아니기 때문이지요. 내 몸은 나 아닌 것으로 이루어져 있습니다. 오랜 시간 마셔 온 공기와 수많은 음식물로 이루어져 있습니다. 그래서 잠시라도 산소를 마시지 않거나 음식물을 끊으면 곧 죽고 맙니다. 마음도 마찬가지입니다. 석가모니는 몸과 마음을 각각의 개체로 나누어 파악하지 않습니다. 마음이 몸에서 비롯한다는, 다소 유물론적으로도 읽힐 수 있는 생각을 갖고 있지요. 몸이 독립된 실체가 아니니, 몸에서 비롯한 마음 역시 독립된 실체가 될 수 없습니다.

꽃을 버려야 열매를 맺는다

무상, 고, 무아 삼특상을 살펴보았습니다. 그렇다면 석가모니는 궁극적으로 우리에게 무엇을 말하고 싶었을까요? 그저 인생이 허무하다고 말하려던 걸까요? 석가모니의 대답입니다.

그대의 것이 아닌 것은 놓아 버려라. 그것을 놓을 수 있다면 그대는 진정한 이익과 행복을 오래도록 누릴 수 있을 것이다.
_《아함경》

석가모니는 진정한 행복과 자유의 상태인 '해탈'에 이르는 길을 안내하고 있다고 생각합니다. 무상하고 불만족스럽고 나의 것이 아닌 것에 대한 집착을 내려놓는 것에서부터 진정한 행복이 시작된다고 말하려던 것은 아닐까요. 강원도 낙산사 암자 홍련암에 이런 시가 적혀 있습니다.

나무는 꽃을 버려서 열매를 맺고
물은 강을 버려서 바다를 만나고
새는 둥지를 버려서 하늘을 날고
사람은 욕심을 버려서 자유를 얻는다

박중빈 :
감정을 잘 운용하자

● 박중빈(朴重彬, 1891~1943년) 우리나라 근대의 사상가. 원불교 창시자. 호는 소태산. 전통 사상을 기반으로 근대화를 이루고자 했다. 특히 기존 불교를 현실에 맞게 재해석했다. 간척지를 개발하고 협동조합 운동, 교육운동을 펼치는 등 민중의 삶이 더 나아지도록 하려고 힘썼다. 원불교는 한국 4대 종교 중 유일하게 한국에서 태동한 종교다.

중생은 희로애락에 이끌려 마음을 씀으로써 자신이나 남이나 해를 많이 보게 하고, 보살은 희로애락을 초월하여 마음을 씀으로써 자신이나 남이나 해를 보지 아니하게 하며, 부처는 희로애락을 손발 쓰듯이 부려 씀으로써 자신이나 남이나 이로움을 많이 보게 한다. (…) 나는 희로애락의 감정을 억지로 없애라고 가르치지 않는다. 희로애락을 곳과 때에 마땅하게 써서 자유로운 마음의 기틀을 걸림 없이 운용하여, 중도에 어긋나지 않게 하라고 말한다.

_《대종경》

불교에서 중생은 평범한 보통 사람을 가리킵니다. 보살은 깨달음을 얻었지만 아직 부처는 아닌 단계이지요. 부처는 모든 번뇌를 끊은 걸림 없는 자유인의 경지에 이른 존재입니다. 각 수준에 따라 감정을 대하는 태도도 다릅니다.

박중빈은 감정을 대하는 태도를 세 단계로 나누어 설명합니다. 중생은 감정에 예속돼 부림을 당합니다. 우리는 흔히 자신이 감정을 일으킨다고 생각하지요. 내가 화를 내고, 내가 슬픔을 느낀다고 생각합니다. 하지만 자신의 경험을 가만히 헤아려 보면 이는 착각임을 금방 깨달을 겁니다.

사람에게는 저마다 일정한 감정 회로가 있습니다. 일례로 같은 말을 들었는데 어떤 사람은 대수롭지 않게 넘어가는 반면, 어떤 사람은 무척 민감하게 반응합니다. 유독 슬프거나 분노를 느끼게 되는 상황도 사람마다 다른데, 이것은 감정 회로가 서로 다르기 때문이지요.

문제는 그런 상황에서도 자신이 자기감정을 결정하는 게 아니라는 겁니다. 나의 생각과 판단이 개입되기도 전에, 이미 형성되어 있는 자신의 감정 습관에 따라 즉각적인 감정이 일어난다는 것이지요. 곰곰 생각해 보세요. 화를 낼 때 내가 '화를 내자'고 해서 낸 건가요? 내가 미처 알아차리기도 전에 이미 화가 나 있었을 겁니다. 감정 회로는 유전, 환경, 경험 등 여러 요소에 의해 형성됩니다. 감정 회로에 따라 습관적으로 감정이 일어날 뿐, 내가 주도해서 감정을 일으키는 것이 아니지요.

화난 나를 알아차릴 것

이미 형성된 감정 회로를 바꿀 수 있는 방법이 있습니다. 바로 '알아차림'입니다. 우선 나의 감정 회로를 면밀히 파악해야 합니다. 특히 유독 예민하게 반응하는 감정이 무엇인지 알아내야 합니다. 그러면 미묘한 변화가 싹틉니다. 예컨대 자신이 분노에 예민한 편이라면 화를 낼 때 '내가 또 화를 다스리지 못하고 화에 휩쓸렸구나!' 하는 자각도 함께 일어납니다. 그러면 화가 이전보다 더 빨리 수그러듭니다. 일찍 자각할수록 더 빨리 수그러듭니다. 이런 과정이 알아차림입니다.

자신의 감정을 알아차리는 데 익숙해지면, 점차 감정에 휘둘리지 않게 됩니다. 덮어놓고 화를 내는 게 아니라 화를 내려는 자신의 내면을 바라봄으로써 곧장 화를 가라앉힐 수 있게 됩니다. 다만 이 상태에서 멈춰서는 안 된다고 박중빈은 말합니다. 분노하지 않으면 분노 탓에 자신에게 해를 입힐 일도, 남에게 해를 끼칠 것도 없습니다. 하지만 분노가 항상 나쁜 것은 아닙니다. 올바른 분노도 있습니다. 프랑스혁명을 비롯해 세상을 바꾼 위대한 혁명들에 쓰인 분노가 그 예가 될 수 있을 겁니다. 이런 분노는 개인과 세상을 바꾸는 원동력이 되기도 합니다.

따라서 우리는 감정을 '알아차리는 것'을 넘어 종국에는 감정을 자유롭게 운용할 수 있어야 합니다. 감정의 부림을 당하는 것이 싫다고 해서 감정 자체를 제거해서는 안 됩니다. '감정의 부림을 당하던 나'를 '감정을 부리는 나'로 돌려세워야 합니다. 친구가 슬퍼할 때 함께 슬퍼하고, 강자가 약자를 괴롭힐 때 강자에게 분노할 수 있어야 하지요. 기쁜 일이 생겼을 때는 온전히 기쁨을 누릴 수 있어야 하고요. 이처럼 감정을 적재적소에 맞게 발현하면 나에게도 타인에게도 이롭습니다.

> 여성은 어려서는 부모에게, 결혼 후에는 남편에게, 늙어서는 자녀에게 의지해야 했으며, 또 권리가 동일하지 못하여 남성처럼 교육도 받지 못하였으며, 또 사회생활 할 권리, 친구와 교제할 권리조차 얻지 못하였으며, 또 재산에 대한 상속권도 얻지 못하였으며, 또 자기의 심신이지마는 몸가짐과 행동 하나하나에 구속을 면하지 못하여 왔다.
> _《정전》

한편 박중빈은 꼭 실천해야 할 핵심 교리 네 가지로 '남녀권리동일(男女權利同一, 성차별을 철폐할 것)', '지우차별(智愚差別, 신분·계급 등의 이유로 차별하지 말고 배움에 힘쓸 것)', '무자녀자타자녀교양(無子女者他子女敎養, 내 자녀 남 자녀 구별 말고 두루 교육시킬 것)', '공도헌신자이부사지(公道獻身者以父事之, 공익을 위해 헌신할 것)'를 들었습니다. 위 인용문은 그중 '남녀권리동일' 내용 중 일부입니다. 박중빈은 당시 여성들이 겪는 차별을 조목조목 나열합니다. 남성은 물론 대다수 여성도 여성에 대한 편견과 차별을 당

연시하던 시대였다는 점을 감안하면 무척 진보한 내용이 아닐
수 없습니다. 한 종교와 사상의 핵심 원리 제1조를 이처럼 성평
등으로 설정한 경우는 젠더학을 제외하고는 세계 사상사에서
도 찾아보기 어려울 것 같습니다.

　일제 강점기를 살았던 박중빈은 여느 엘리트 지식인처럼
일본으로 유학을 떠나거나 대학을 다니기는커녕, 신식 학교 문
턱 한번 밟아 본 적이 없습니다. 그렇지만 전통 사상을 깊이 체
득했고 그것 위에 새로운 철학을 세웠지요. 그러면서 당시 사회
의 고질과 과제를 분석하고 이를 해결하려 애썼습니다. 헐벗고
굶주리고 교육을 받을 수 없었던 대다수 민중을 위해서였지요.
시골 농민의 아들로 태어난 박중빈은 누구보다 민중이 처한 현
실과 그들의 아픔을 잘 알고 있었습니다. 형이상학적인 담론보
다 당면한 현실 문제를 해결할 수 있는 실천적인 지침을 중요
시한 이유입니다.

에리히 프롬 :

행복은 지금 이 순간에 있다

● 에리히 프롬(Erich Fromm, 1900~1980년) 독일의 현대철학자이자 정신분석학자. 프랑크프루트학파에서 활동하다 나치를 피해 미국으로 망명했다. 마르크스 철학과 프로이트 이론을 접목시켰다. 말년에는 선불교를 비롯한 동양 사상을 연구했다. 《소유냐 존재냐》, 《사랑의 기술》 등 세계적인 베스트셀러를 써 철학의 대중화에 이바지했다.

새로운 인간이란 이런 성격을 가진 존재다. (1) 완전하게 존재하기 위해 모든 소유 형태를 스스로 포기하려는 의지가 있다. (4) 지금 자신이 있는 곳에 온전히 존재한다. (10) 나르시시즘을 버리고 인간 존재에 내재하는 비극적 한계를 받아들인다. (12) 이러한 목적에 도달하려면 수양과 현실을 존중하는 것이 필요함을 안다. (14) 상상력을 계발한다. 견딜 수 없는 환경에서 도피하기 위함이 아니라, 현실의 가능성을 예측하여 견딜 수 없는 환경을 제거하기 위해서다. (20) 이 모든 자질의 완성에 다다른 사람들은 몇 안 된다는 사실을 알고, 반드시 '목표에 도달하겠다'는 야심은 없다. 그와 같은 야심도 탐욕과 소유의 형태임을 알기 때문이다. (21) 어디까지 도달할 수 있느냐하는 것은 운명에 맡기고 항상 성장하는 삶의 과정에서 행복을 찾아낸다.

_《소유냐 존재냐》

에리히 프롬은 그의 명저 《소유냐 존재냐》에서 '새로운 인간'의 특징 21가지를 제시합니다. 이 중에서 중요하다고 생각되는 7가지만 뽑아 보았습니다.

⑴번. 프롬은 소유 양식과 존재 양식을 구분합니다. 사람은 소유 양식으로 살아갈 수도 있고, 존재 양식으로 살아갈 수도 있습니다. 그런데 둘은 대립됩니다. 소유 양식으로 살아가는 사람들은 무엇을 갖고 구입하며 소비하느냐에 따라 나의 삶이 달라진다고 여깁니다. 화려한 것을 소유해야 '화려한 나'가 되고, 값진 것을 소비해야 '값진 나'가 된다고 믿지요. 반대로 값비싼 것을 갖지 못한 사람들을 '루저'라며 무시합니다. 이들이 기를 쓰고 최대한 많은 것을 소유하고 소비하려는 이유지요. 하지만 이런 삶은 사물에 예속된 것일 뿐입니다. 이들은 곧 깊은 허탈감, 공허감에 빠집니다.

반면 존재 양식으로 살아가는 사람들은 많이 갖고 치장하는 대신에 자신의 삶을 가꾸는 데 관심을 쏟습니다. 소유하기보다 창조하고, 집착하기보다는 즐길 줄 알지요. 프롬이 말한 21가지 특성을 가진 사람이 곧 존재 양식으로 사는 사람입니다.

⑷번. 이런 일화가 있습니다. 수양의 경지에 이른 스승에게

제자가 묻습니다. "사람들이 입을 모아 스승님이 도를 깨달은 성인이라고 하는데 어떤 점이 보통 사람들하고 달라서 성인이라고 하는 것인지요?" 스승이 답합니다. "나는 앉을 때 앉고 걸을 때 걸으며 밥 먹을 때 밥 먹는다." 그러자 제자가 반문합니다. "아니, 그건 누구나 하는 일 아닙니까?" 다시 스승이 답합니다. "아니다. 사람들은 앉아서는 걸을 걸 생각하고, 걸을 때는 앉을 걸 생각하며, 밥 먹을 때는 또 다른 일을 걱정한다. 그러나 나는 앉을 때 온전히 앉고, 걸을 때 온전히 걸으며, 밥 먹을 때 온전히 밥을 먹을 따름이다." 이 스승의 말처럼 많은 사람이 지금 이 순간에 온전히 존재하지 못합니다. 대부분의 시간을 정작 다른 것을 생각하면서 보내지요. 오늘을 살면서 어제를 후회하고 내일을 걱정합니다. 하지만 걱정해도 후회해도 걱정과 후회는 닳지 않습니다. 끝없이 이어집니다. 지금 이 순간을 떠나 있어서는 지금 이 순간을 누리지 못하며, 지금 이 순간을 누리지 못한다면 결국 인생을 누리지 못하게 되겠지요. 인생은 어제도 내일도 아닌, 오늘 지금 이 순간의 연속일 따름이니까요.

존재 양식으로 살아가기

(10)번. 나르시시즘과 나를 사랑하는 것은 결이 다릅니다. 나르시시즘은 진짜 내가 아닌, 나의 가면을 사랑하는 것입니

다. 나르시시즘은 나를 진정으로 사랑하지 못하도록 가로막습니다. 본연의 나를 애써 숨기고 모른 체하면서 완벽하고 위대한 모습을 띤 허구의 나를 생산해 냅니다. 반면 진정 나를 사랑하는 것은 있는 그대로의 나를 사랑함입니다. 남들이 단점으로 생각하는 것조차 껴안지요. 그리고 인간이라면 필연적으로 품고 있는 비극적 한계도 수용합니다. 인간은 결코 완벽할 수 없다는 것, 인생은 언젠가 끝이 있다는 것, 내가 너무도 혐오하는 어떤 것이 내게도 있을 수 있음을 과감히 인정합니다. 그럴 때에야 비로소 진정 나를 사랑할 수 있습니다.

(12)번. 소유 양식의 삶에서 존재 양식의 삶으로 새롭게 도약하려면 수양과 현실 두 측면을 함께 존중하면서 나아가야 합니다. 모두가 불행한 사회에서 나 홀로 행복을 느낀다면 이는 바람직할까요? 바람직하지 않을뿐더러 가능하지도 않을 겁니다. 사람은 관계 속에서 살아갑니다. 다른 이가 모두 불행을 호소하는데 나만 행복하기는 어렵습니다. 설령 위대한 정신의 소유자라도 그렇습니다.

불교에서 보살은 '중생이 아프면 나도 아프고, 중생이 나으면 나도 낫는다'고 말하는 존재입니다. 오히려 위대한 정신의 소유자일수록 타인의 아픔에 민감합니다. 따라서 자신을 수양하는 것과 현실을 변혁하려는 노력은 결코 유리될 수 없습니다. 나를 바꾸되 현실도 바꾸어야 하는 것이 아니라, 나를 바꾸려면 현실을 바꾸어야 하고 현실을 바꾸려면 반드시 나를 바꾸어야 하는 겁니다.

(14)번. 견딜 수 없는 환경에서 벗어나려고, 현실을 잊기 위해서 허구를 지어내는 것이 아닙니다. 견딜 수 없는 이 환경을 바꾸기 위한 현실적인 상상을 해야 합니다. 미래를 꿈꾸고 상상하되 현실의 가능성에서 멀어져서는 안 된다는 말이지요. 붕 떠 하늘을 날아다닐 것이 아니라, 발로 굳건히 땅을 딛고서 하늘을 올려다보아야 한다는 것이지요. 내가 처한 현실에 안주하지 않으면서 헛된 망상도 품지 않습니다. 실현 가능한 꿈을 설정하고 그 꿈을 향해 한 걸음씩 내딛어야 합니다.

지금 이 순간을 온전히 누릴 것

(20), (21)번. 앞에서 언급한 특징을 모두 체화하고 실천하기는 무척 어렵습니다. 자본주의 사회에서 살면서 자본주의를 무시하기는 어쩌면 불가능한 일일지 모릅니다. 먹고살기 위해서 때로 원치 않는 일을 해야 하고, 돈을 벌기 위해서는 어쩔 수 없이 소유 양식을 따라 살 수밖에 없는 것이 현실이기도 합니다. 그뿐만이 아닙니다. 나의 가치관 역시 이 사회의 지배적인 가치관에서 온전히 벗어날 수 없습니다. 외모나 학벌로 사람을 판단하지 않겠다고 다짐해도 어느 순간 그것들로 누군가를 판단하고 있는 자신과 마주하는 씁쓸한 순간도 있습니다.

반드시 위대한 사람이 되겠다거나 모든 번뇌를 기필코 없 애겠다는 생각이 오히려 또 다른 갈망과 집착이 될 수 있습니 다. 어디까지 도달할 수 있을 것이냐는 차라리 운명에 맡긴다 고 생각하는 게 어떨까요. 어느 미래의 날짜를 디데이(D-Day)로 잡는 순간 오늘은 오늘이 아니게 됩니다. 예컨대 디데이 50일 이 될 뿐이지요. 이처럼 아무리 순결한 이상이더라도 그것이 내 삶의 절대적 목표가 되면 그전까지의 삶은 단지 목표에 이르 지 못한 삶으로 전락하고 맙니다. 그러므로 목표만을 바라보는 삶보다는 오늘 하루 무엇이 더 나아졌는지를 성찰하는 삶이 더 낫지 않을까요. 행복은 머나 먼 목적지를 향해 뛰어갈 때가 아 닌, 지금 여기에서 작은 것을 성취하는 순간에 존재하니까요.

알랭 바디우 :
'헌신'할 때 인생의 주인이 된다

● 알랭 바디우(Alain Badiou,1937~) 프랑스의 현대철학자. 정신분석학과 수학의 방법론을 받아들여 '진리 철학'을 구축했다. 다른 사상가들과 치열하게 철학 논쟁을 벌이는 것은 물론 현실 정치 이슈도 날카롭게 분석하고 있다. 2013년 방한 때 한반도 통일에 관해 묻자 "남한도 북한도 아닌 새로운 한국"을 만들어 가길 권했다. 파리8대학 교수를 지냈다.

우리는 충실함의 담지자, 즉 진리 과정의 담지자를 '주체'라고 부른다. 따라서 주체는 결코 과정에 앞서 존재하지 않는다. 주체는 사건이 생기기 이전의 상황 속에서는 절대적으로 부재한다. 우리는 진리의 과정이 주체를 도출시킨다고 말할 수 있을 것이다.

_《윤리학》

대부분 사람은 주인이 되고 싶어 합니다. 단순히는 집주인이 되고 싶고, 차 주인이 되고 싶으며, 가능하다면 건물주나 회사 사장도 되고 싶어 하지요. 하지만 이보다 앞서 '주인'이 되어야 할 것이 있으니 바로 자기 삶의 주인이 되는 것입니다. 집과

차, 재산과 권력을 갖고 싶은 궁극적인 이유는 행복해지기 위해서라고 생각합니다. 그런데 주지하다시피 그것들이 행복을 보장해 주지는 않습니다. 행복의 기준은 사람마다 환경마다 다르지요. 흔히 '남부러울 것 없어 보이는' 사람들도 그들 나름대로 불행한 까닭이 여기에 있습니다.

아무리 많은 것의 주인이 되어도 행복하지 않다면 그것은 자기 삶의 주인이 되지 못했기 때문입니다. 잠깐 대저택을 관리하는 집사를 상상해 보십시오. 그는 매일 집을 깨끗하게 청소하고 마당의 잔디와 수목도 정리합니다. 많은 시간을 어떻게 하면 다른 집보다 더 멋져 보일까를 고민합니다. 유행에 뒤처지지 않게 가구를 바꾸는 등 실내를 다시 꾸미기도 하지요. 그런데 그는 허전합니다. 처음에는 그 허전함을 채우고자 더욱 열심히 일합니다. 그런데 그럴수록 더 허전합니다. 왜냐면 아무리 그 집을 아름답고 멋지게 꾸며도 결국 자신은 그 집의 주인이 아니기 때문이지요. 많은 걸 이룩하고 소유해도 정작 자기 삶의 주인이 되지 못한 사람의 신세와 비슷하다고 볼 수 있습니다.

'공백'이 혁명의 씨앗

그렇다면 자기 삶의 주인이 된다는 것은 무엇일까요? 어떻게 해야 인생의 주인이 될 수 있을까요? 이 물음이 바로 철학에서의 '주체'의 문제입니다. 삶의 주인이 되는 것을 철학에서는 주체라고 일컫습니다. 데카르트는 데카르트대로, 칸트는 칸트대로, 바디우는 바디우대로 주체 철학을 내세웠습니다. 바디우는 주체를 '충실함의 담지자'이자 '진리 과정의 담지자'라고 규정합니다. 이 말은 바디우 철학의 흐름 속에서 이해될 수 있습니다.

바디우 철학을 간략히 살펴보겠습니다. 바디우에 따르면, 세상의 모든 상황에는 반드시 '공백'이 존재합니다. 공백이란 한 사회의 어두운 부분, 즉 주목받지 못한 부분입니다. 화려한 옷에 잘못 뚫린 구멍처럼, 공백은 한 사회의 안정된 체계를 해치는 것으로 여겨집니다. 그래서 사회는 공백의 존재 자체를 애초에 없었던 것처럼 은폐하려고 하지요. 하지만 바디우가 보기에 공백은 오히려 혁신의 씨앗입니다.

공백을 은폐하는 사회에 맞서, 공백에 주목하고 개입하려는 이들이 등장하지요. 이들은 사회의 눈으로 공백을 내려다보는 것이 아니라 반대로 공백의 관점에서 상황을 재해석합니다. 그렇게 해서 공백이 세상에 드러나고, 공백이 더는 공백이 아닌 것이 될 때 비로소 일대의 혁신적 사건이 일어납니다.

그럼 이번에는 이 사건에 충실해야 합니다. 새로운 사건의 편에 서는 것이 '충실함'입니다. 기존 사회가 주장하는 '진리는 이것이다', '이것이 옳다' 하는 가치관을 깨뜨리고 그 자리에 새로운 진리, 새로운 가치관을 세우는 것이지요. 이것이 바디우가 설명하는 역사의 발전 과정입니다. 그리고 이처럼 새로운 진리를 도출해 내는 과정을 통틀어 '진리 과정'이라고 합니다.

사회의 억압에 흔들리지 않고 사건에 충실히 참여하는 사람들, 이들이 충실함의 담지자, 진리 과정의 담지자, 곧 주체가 됩니다. 이러한 주체는 탄생하는 것이 아닙니다. 주체는 만들어지는 것입니다. 진리의 과정은 곧 주체가 되어 가는 과정입니다. 즉 진리의 과정이 주체를 만들어 내는 것이지 그 이전에 주체가 존재하는 것이 아니라는 말입니다.

싸워야 드러나고 바뀐다

한국 사회의 공백을 떠올려 보겠습니다. 비장애인 중심의 사회에서는 장애인이 공백입니다. 몇 년 전, 장애인 이동권을 위한 투쟁의 일환으로 장애인들이 버스에 오르려 할 때 경찰이 무력으로 끌어내린 일이 있습니다. 장애인이 '대중'교통을 자유롭게 이용할 수 없다는 건 곧 한국 사회에서 이들은 대중이 아님을 반증하는 것이지요. 이들은 분명 존재하는데 사회는 이들이 없는 것처럼 취급해 왔습니다. 공백을 은폐하려는 시도입니다. 이에 맞서 싸운 이들이 바로 주체이지요. 장애인이 배려 대상자를 넘어 실질적인 주권자가 되는 투쟁이 바로 사건이고, 곧이어 기존의 비장애인 중심 사회를, 모두를 위한 사회로 전환

한다면 새로운 진리가 탄생한 것이지요.

여기서 알 수 있듯이 바디우가 말하는 주체는 무언가에 뚜렷하게 헌신하는 사람입니다. 흔한 말로 소신을 가진 사람이지요. 어찌 보면, 바디우의 주체는 매여 있는 주체입니다. 모든 것을 초월한 존재가 아니라 어떤 한 가지에 헌신하는 존재이기 때문이지요. 그러나 오히려 그 한 가지에 오롯이 매여 있기에 다른 그 무엇도 그를 불행하게 하거나 절망스럽게 만들 수 없습니다. 마치 누군가를 뜨겁게 사랑하면 마음속에 오직 그 사람만 존재할 때처럼 말이지요.

바디우는 주체가 되는 과정은 정치뿐만 아니라 사랑, 예술, 과학 영역 등 모든 곳에서 일어날 수 있다고 보았습니다. 바디우는 말합니다. 자유를 원한다면 그리고 자기 삶의 주인이 되고 싶다면, 먼저 헌신하라고. 그러나 헌신함으로써 얻을 수 있는 자유는 초월적인 자유가 아닌 철저히 복종하는 자유입니다. 복종함으로써 오히려 그 밖의 모든 것에서 해방되는 자유입니다. 게다가 그 자유는 개인을 넘어 모든 이를 자유롭게 하는 대자유입니다. 만해 한용운의 시 〈복종〉으로 마칩니다.

남들은 자유를 사랑한다지마는, 나는 복종을 좋아하여요.
자유를 모르는 것은 아니지만, 당신에게는 복종만 하고 싶어요.
복종하고 싶은데 복종하는 것은 아름다운 자유보다 더 달콤합니다.

그것이 나의 행복입니다.

그러나, 당신이 나더러 다른 사람을 복종하라면,
그것만은 복종할 수가 없습니다.
다른 사람에게 복종하려면 당신에게 복종할 수 없는 까닭입
니다.

더 읽으면 좋을 책들

여기에서 소개하는 책들은 이제 막 인문학을 공부하기 시작한 분들이 읽으면 좋을 책들입니다.

동양철학·한국철학

● 강성률, 《이야기 동양철학사》, 살림출판사, 2014.
가장 간략한 동양철학 개론서일 것이다. 동양철학의 대략적인 흐름을 읽을 수 있다.

● 공자, 홍승직 옮김, 《처음 읽는 논어》, 행성B, 2016.
《논어》는 동양철학 공부할 때 필독서다. 본문마다 짧은 해설이 달려 있어 입문서로 좋다.

● 김용휘, 《최제우, 용천검을 들다》, 탐, 2018.
동학사상을 소설화한 철학 소설이다. 동학 전공자가 썼다.

● 맹자, 황종원 옮김, 《맹자(1, 2)》, 서책, 2010.
《맹자》 역시 동양철학 공부할 때 필독서다. 동아시아 선비 정신을 만날 수 있다.

● 시모무라 고진, 고운기 옮김, 《논어》, 현암사, 2003.

《논어》의 일부를 소설화했다. 인간 공자의 고뇌와 매력을 느낄 수 있다.

● 이익, 김대중 엮음,《나는 모든 것을 알고 싶다》, 돌베개, 2010.
성호 이익의 수필을 가려 뽑은 것이다. 조선 후기 지식인의 삶과 사유를 읽을
수 있다.

● 주희, 이영희 옮김,《낭송 주자어류》, 북드라망, 2014.
성리학을 세운 주희의 사상을 엿볼 수 있다.

● 최진석,《생각하는 힘, 노자 인문학》, 위즈덤하우스, 2015.
노자는 기존의 상식과 통념을 깸으로써 새로운 사유를 증폭시킨다.

● 틱낫한, 양미성·김동원 옮김,《틱낫한 스님의 금강경》, 장경각, 2004.
동아시아 불교의 교과서인《금강경》을 간명하게 해설했다.

● 홍창성,《미네소타주립대학 불교철학 강의》, 불광출판사, 2019.
불교철학의 핵심을 쉽고 체계적으로 풀어냈다.

서양철학

● 강신주,《강신주의 감정 수업》, 민음사, 2013.
스피노자 철학과 서양문학의 만남을 시도한다.

● 김태형,《싸우는 심리학》, 서해문집, 2014.
에리히 프롬의 철학을 오늘날 현상에 빗대어 친절하게 설명한다.

● 류동민, 《마르크스가 내게 아프냐고 물었다》, 위즈덤하우스, 2012.
마르크스 철학의 관점으로 지금 세상을 바라보았다.

● 마르쿠스 아우렐리우스, 박문재 옮김, 《명상록》, 현대지성, 2018.
《명상록》은 스토아학파의 지혜가 담긴 고전이다. 중역이 아닌 그리스어 원서를 번역했다.

● 박찬국, 《사는 게 힘드냐고 니체가 물었다》, 21세기북스, 2018.
우리나라에서 니체는 유독 인기가 많다. 그만큼 곡해도 많다. 니체를 가장 정확하게 이해한 책이라 생각한다.

● 버트런드 러셀, 황문수 옮김, 《행복의 정복》, 문예출판사, 2009.
러셀의 행복론이다. 어떻게 하면 행복해질 수 있는지 그 실마리를 얻을 수 있을 것이다.

● 안광복, 《처음 읽는 서양 철학사》, 어크로스, 2017.
서양철학의 대략적인 흐름을 보여 준다.

● 에리히 프롬, 황문수 옮김, 《사랑의 기술》, 문예출판사, 2019.
철학의 눈으로 사랑을 분석한다. 철학 입문자가 곧장 도전해 볼 수 있는 몇 안 되는 현대철학 책이다.

● 이현주, 《예수의 삶과 길》·《그리스도의 몸, 교회》·《탈출의 하나님》, 삼인, 2016.
1990년대 기독교인 대학생들의 필독서였던 이현주 목사의 '젊은 세대를 위한 신학 강의' 시리즈 개정판이다. 성숙한 신앙인이 되고자 하는 사람, 기독교를 알고자 하는 사람에게 많은 도움을 줄 것이다.

● 플라톤, 강철웅 옮김,《소크라테스의 변명》, 이제이북스, 2014.
《소크라테스의 변명》은 서양 고대철학 책 중 가장 쉽고 유명하다. 소크라테스
의 철학과 그의 성격을 엿볼 수 있다.

문학

● 김용택,《시가 내게로 왔다》 시리즈, 마음산책, 2001.
시인 김용택이 인상 깊게 읽은 현대시, 동시, 한시 등을 선별한 후 짧은 해설을
덧붙였다. 시인의 해설을 따라가면서 편안한 마음으로 시를 감상할 수 있다.

● 서정주, 방민호·박현수·허혜정 엮음,《시를 써야 시가 되느니라》, 예옥,
2007.
서정주의 시작법이자 시 해설서다. 시를 읽는 안목을 키울 수 있다.

● 성태용,《어른의 서유기》, 정신세계사, 2019.
중국의 고전소설《서유기》를 철학적으로 풀어냈다. 강의체로 집필돼서 잘 읽
힌다.

● 이현주,《사랑 아닌 것이 없다》, 샨티, 2012.
이현주 목사 에세이다. 일상의 사물들에서 의미를 읽어 낸다. 번뜩이는 통찰과
따뜻한 시선이 돋보인다.

● 정희진,《혼자서 본 영화》, 교양인, 2018.

국내 대표적인 여성학자 정희진이 뽑은 '내 인생의 영화' 28편이 담겼다.

역사

● 박노자, 《거꾸로 보는 고대사》, 한겨레출판, 2010.
민족주의를 넘어선 역사관과 그간 몰랐던 역사적 사실을 접할 수 있다.

● 백승종, 《마흔, 역사를 알아야 할 시간》, 21세기북스, 2012.
백승종은 국내 대표적인 미시사학자다. 광개토대왕을 비롯한 역사적 인물 15
인에게서 삶의 지혜를 발견해 냈다.

● ──, 《신사와 선비》, 사우, 2018.
'신사'와 '선비'를 키워드로 유럽과 동아시아 역사를 비교, 고찰한다.

● 신진희, 《한번 읽으면 절대로 잊지 않는 세계사 공부》, 메이트북스, 2019.
세계사의 굵직한 사건들을 알기 쉽게 정리했다.

● 유시민, 《나의 한국현대사》, 돌베개, 2014.
인문학을 공부하는 사람이라면 자기 나라의 역사를 반드시 알아야 한다고 생
각한다. 저자 자신이 관통해 온 일들을 현대사로 담백하게 풀어냈다.

나는 잘 살기 위해 인문학을 공부한다

초판 1쇄 발행 2019년 12월 13일
초판 2쇄 발행 2019년 12월 16일

지은이   신도현

펴낸곳   (주)행성비
펴낸이   임태주

책임편집   여미숙
디자인   이유나

출판등록번호   제313-2010-208호
주소   서울시 마포구 토정로 222 한국출판콘텐츠센터 318호
대표전화   02-326-5913
팩스   02-326-5917
이메일   hangseongb@naver.com
홈페이지   www.planetb.co.kr

ISBN 979-11-6471-089-8 03100

※ 값은 뒤표지에 있습니다. 잘못 만들어진 책은 구입하신 서점에서 교환해 드립니다.
※ 이 도서의 국립중앙도서관 출판예정도서목록(CIP)은 서지정보유통지원시스템 홈페이지
   (http://seoji.nl.go.kr)와 국가자료공동목록시스템(http://www.nl.go.kr/kolisnet)에서 이용
   하실 수 있습니다.(CIP제어번호: CIP2019048357)

행성B는 독자 여러분의 참신한 기획 아이디어와 독창적인 원고를 기다리고 있습니다.
hangseongb@naver.com으로 보내 주시면 소중하게 검토하겠습니다.